Collection « L'esprit économique »

fondée par Sophie Boutillier et Dimitri Uzunidis en 1996
dirigée par Sophie Boutillier, Blandine Laperche, Dimitri Uzunidis

Si l'apparence des choses se confondait avec leur réalité, toute réflexion, toute Science, toute recherche serait superflue. La collection « L'esprit économique » soulève le débat, textes et images à l'appui, sur la face cachée économique des faits sociaux : rapports de pouvoir, de production et d'échange, innovations organisationnelles, technologiques et financières, espaces globaux et microéconomiques de valorisation et de profit, pensées critiques et novatrices sur le monde en mouvement...
Ces ouvrages s'adressent aux étudiants, aux enseignants, aux chercheurs en sciences économiques, politiques, sociales, juridiques et de gestion, ainsi qu'aux experts d'entreprise et d'administration des institutions.

La collection est divisée en six séries :

Dans la série *Economie et Innovation* sont publiés des ouvrages d'économie industrielle, financière et du travail et de sociologie économique qui mettent l'accent sur les transformations économiques et sociales suite à l'introduction de nouvelles techniques et méthodes de production. L'innovation se confond avec la nouveauté marchande et touche le cœur même des rapports sociaux et de leurs représentations institutionnelles.

La série *Economie formelle* a pour objectif de promouvoir l'analyse des faits économiques contemporains en s'appuyant sur les approches critiques de l'économie telle qu'elle est enseignée et normalisée mondialement. Elle comprend des livres qui s'interrogent sur les choix des acteurs économiques dans une perspective macroéconomique, historique et prospective.

Dans la série *Le Monde en Question* sont publiés des ouvrages d'économie politique traitant des problèmes internationaux. Les économies nationales, le développement, les espaces élargis, ainsi que l'étude des ressorts fondamentaux de l'économie mondiale sont les sujets de prédilection dans le choix des publications.

La série *Krisis* a été créée pour faciliter la lecture historique des problèmes économiques et sociaux d'aujourd'hui liés aux métamorphoses de l'organisation industrielle et du travail. Elle comprend la réédition d'ouvrages anciens, de compilations de textes autour des mêmes questions et des ouvrages d'histoire de la pensée et des faits économiques.

La série *Clichés* a été créée pour fixer les impressions du monde économique. Les ouvrages contiennent photos et texte pour faire ressortir les caractéristiques d'une situation donnée. Le premier thème directeur est : mémoire et actualité du travail et de l'industrie ; le second : histoire et impacts économiques et sociaux des innovations.

La série *Cours Principaux* comprend des ouvrages simples, fondamentaux et/ou spécialisés qui s'adressent aux étudiants en licence et en master en économie, sociologie, droit, et gestion. Son principe de base est l'application du vieil adage chinois : « le plus long voyage commence par le premier pas ».

L'ORDRE SOCIAL MONÉTAIRE

5-7, rue de l'École-Polytechnique, 75005 Paris

http://www.editions-harmattan.fr

ISBN : 978-2-14-027436-7
EAN : 9782140274367

Vladimir Yefimov

L'ordre social monétaire

L'économie discursive défit le courant dominant et l'économie narrative

L'Harmattan

Du même auteur :

Economie institutionnelle des transformations agraires en Russie, l'Harmattan, Paris, 2003.

Economic science in question: other methodology, history and research practices. Kurs: Infra-M, Moscou, 2016 (en Russe).

Monnaie, ordres sociaux et science économique. Kurs, Moscou, 2021 (en Russe).

Préface

Comment étudier la réalité économique et plus largement sociale ? Pour moi, presque dès le début de mon activité de recherche, la réponse était évidente : il faut entrer en contact avec les participants de cette réalité pour obtenir des informations de première main à ce sujet. Le contact peut prendre la forme d'un interview-entretien, d'une observation participante ou d'une recherche action (Barbier, 1996). Tous ces types de contacts passent par l'intermédiaire du langage, de sorte que les informations qui en résultent sont discursives et constituent des textes rédigés d'une manière ou d'une autre. Les résultats de l'analyse de ces textes sont les résultats de la recherche. C'est de cette façon que j'ai mené une étude sur la réalité rurale russe de la fin des années 1980 et 1990 (Yefimov, 1997 ; 2001 ; 2003). J'ai appris que cette méthodologie avait une justification philosophique développée dans de nombreux travaux du philosophe britannique Rom Harré, (Van Langenhove, 2010). L'application de cette méthodologie à la psychologie a été appelée « psychologie discursive » : « Bien qu'il y ait différents types de psychologie discursive, la plupart ont une approche pragmatique du langage et critique le cognitivisme de la psychologie contemporaine. Au lieu de voir l'utilisation du langage comme un reflet des états cognitifs internes des usagers de la langue, les psychologues discursivistes voient la pensée comme étant directement constituée par l'usage de la langue <…> les chercheurs en sciences sociales devraient rédiger leurs travaux de manière à faire apparaître les locuteurs comme les agents de leurs actions » (Billig, 2009, 157). En intervenant en novembre 2010 au séminaire de Rom Harré à *London school of economics,* j'ai appelé mon exposé « Vers une Économie Discursive (Méthodologie et histoire de la discipline économique reconsidérées) ».

Maintenant, l'analyse des discours peut être effectuée à l'aide d'un ordinateur, mais à cette époque, je l'ai faite manuellement. En lisant les transcriptions des enregistrements d'interviews de plusieurs acteurs, j'ai mis en évidence (codé) les endroits qui racontent différemment les mêmes règles ; je les ai découpés avec des ciseaux, puis j'ai collé ensemble les parties ayant le même code. Ensuite, en analysant les pages obtenues par collage, je formulais déjà dans la langue du chercheur les règles racontées sous une forme ou une autre par les acteurs. Comme je l'ai appris un peu plus tard, cette façon de procéder était une des variantes des méthodes qualitatives appelée « théorisation ancrée » (G*rounded Theory*) (Glaser, Strauss, 2017 ; Bryant, Charmaz, 2019).

Je ne suis pas seul parmi les économistes à utiliser l'approche discursive. Robert Shiller, professeur à l'Université de Yale, a été en mesure d'anticiper l'éclatement de la bulle immobilière américaine de 2007 en utilisant cette approche. Un autre professeur d'économie de l'Université de Yale, Truman Bewley, peut-être influencé par son collègue Robert Shiller, a mené une étude dans les années 1990, en suivant une méthodologie discursive, et il a publié un livre intitulé *Why Wages Don't Fall during a Recession* (Bewley, 1999), dans lequel il a présenté ses résultats. En feuilletant ce livre, vous voyez son caractère inhabituel pour un ouvrage économique : une grande partie du texte est constitué de citations d'interviews. Alan Kreuger, professeur d'économie à l'Université de Princeton, a caractérisé ce livre de la façon suivante : « Truman Bewley a entrepris de mener un certain nombre d'entretiens avec des dirigeants d'entreprise pour obtenir une représentation théorique, et son projet s'est concrétisé par plus de 300 entretiens avec des hommes d'affaires, des leaders syndicaux et des consultants. Il est vraiment l'intervieweur fortuit en économie. À maintes reprises, il a constaté que les travailleurs se comportaient comme des personnes, pas comme des agents économiques atomistiques et égoïstes. Ses idées feront travailler et enrager les économistes théoriciens et empiristes pour les années à venir. »[1] Une section méthodologique très concise (à peine trois pages et demie dans l'introduction du livre) est d'un grand intérêt, surtout si l'on tient compte du fait que Bewley s'est consacré à l'économie mathématique durant les années 1970 et 1980. Voici deux extraits de cette courte section : « il serait trop arrogant d'ignorer les témoignages de personnes qui prennent des décisions économiques et qui observent et participent à la vie économique. Faire cela signifierait faire de la théorie économique une religion plutôt qu'une analyse responsable de l'expérience < ... >. Les hommes d'affaires avec qui j'ai parlé ont formulé très clairement leurs pensées ; ils ont beaucoup réfléchi aux problèmes de gestion et étaient capables de les analyser clairement, et ils m'ont dit qu'ils ont appris énormément à partir de leur communication avec d'autres gestionnaires. L'outsider devrait également être capable d'apprendre d'eux comment l'entreprise est gérée, et c'est exactement la connaissance des problèmes personnels auxquels les hommes d'affaires sont confrontés qui fait défaut dans les études sur la rigidité salariale » (Bewley, 1999, 14).

En Europe, John Degball-Martinussen, professeur danois d'économie du développement et de science politique, a également adopté une approche discursive.

---

[1] https://cowles.yale.edu/publications/books/why-wages-dont-fall-during-recession

Dans son livre *Policies, Institutions and Industrial Development. Coping with Liberalisation and International Competition in India*, il décrit son approche de recherche de la façon suivante : « En ce qui concerne la méthode et la construction de la recherche reflétées dans ce livre, j'ai essayé de combiner les analyses macro-économiques et macro-politiques avec une étude détaillée des perceptions et des réactions des acteurs. Cette recherche était basée sur l'examen de déclarations publiques, de documents pertinents, d'interviews des décideurs clés. L'objectif des interviews était d'essayer de trouver comment (a) les politiques étaient élaborées et étaient appliquées en pratique ; (b) les politiques et les moyens de leur mise en œuvre ont été perçus par ceux qui étaient impliqués dans la prise de décisions politiques et administratives et la formulation des stratégies des entreprises ; et (c) les organisations et les entreprises qu'ils représentent, ont réagi à ces politiques dans la pratique » (Degnbol-Martinussen, 2001, 238). Au début de son étude, Degbol-Martinussen s'est entretenu avec des dirigeants d'entreprises, sans trop structurer ses entretiens pour « identifier les institutions et les intérêts qui déterminent leur comportement ». Sur la base des informations reçues à ce stade du travail, il a construit des questionnaires pour des entretiens plus détaillés avec les personnes qui l'intéressaient. Cependant, il a très vite constaté que les questionnaires avec des réponses préparées à l'avance ne convenaient pas du tout à ce type de recherche : « les dirigeants occupant des postes clés n'acceptaient pas d'être aussi limités dans leurs réponses » (Ibid., 241). « En fin de compte, les entretiens se sont révélés beaucoup moins structurés et les responsables interrogés ont conduit l'entretien dans une direction jugée plus pertinente pour les questions discutées » (Ibid.).

Ces deux cas sont tout à fait conformes aux dispositions méthodologiques énoncées dans les quatrième et cinquième chapitres du présent livre et s'accordent entièrement avec ma propre expérience de recherche basée sur les interviews.

Pourquoi la profession des économistes académiques travaille-t-elle différemment ? Ce livre répond à cette question.

1. De la naissance de l'ordre social monétaire et de l'idéologie de l'individualisme possessif

Il n'est pas suffisant d'appeler l'ordre social existant en Occident depuis plus de trois cents ans « capitalisme ». Dans le cadre du capitalisme, on peut générer des revenus à partir du capital et, dans ce sens, le capitalisme existait déjà au Moyen Age (Heers, 2012), mais à l'époque médiévale, l'argent n'était pas la source la plus importante du pouvoir. À la fin du 17ème siècle, après la soi-disant « Révolution Glorieuse » de 1688 en Angleterre, et surtout après la Fondation de la Banque d'Angleterre en 1694, un ordre social fondamentalement nouveau a été créé, dans lequel la bourgeoisie subordonne pour la première fois l'Etat. Et l'instrument de cette prise de pouvoir par la bourgeoisie a été la transformation de l'institution de la monnaie (Ingham, 2004 ; 2020). C'est pourquoi l'ordre social occidental existant depuis plus de trois cents ans doit être décrit comme celui dans lequel la possession de l'argent – sorte de coupon universel pour obtenir des biens et des services - et encore plus le droit de le créer et de le contrôler, sont les sources les plus importantes du pouvoir. Je propose d'appeler cet ordre *l'ordre social monétaire*.

L'histoire tricentenaire de l'ordre social monétaire s'accompagne d'une confrontation de trois siècles entre deux théories de la monnaie, à savoir la théorie considérant l'argent comme une marchandise particulière et celle envisageant la monnaie comme une institution, c'est-à-dire l'ensemble des règles d'interaction. Cette dernière théorie apparaît dans de rares publications, notamment dans les deux livres de Geoffrey Ingham mentionnés ci-dessus. J'appellerais la théorie de la monnaie que Geoffrey Ingham développe dans ses deux livres *la théorie institutionnelle de la monnaie en tant que système comptable des dettes* qui comptabilise ces dettes au sein d'une communauté de paiement[2]. La confrontation de cette théorie avec la théorie de la monnaie comme marchandise (remontant à Aristote) a apparemment débuté en Angleterre avec un différend entre John Locke et le Secrétaire au Trésor, William Lowndes[3]. Felix Martin, praticien des finances et auteur d'un livre sur l'histoire de la monnaie donne le commentaire suivant à propos de ce différend : « Les origines de la théorie monétaire de Locke résidaient précisément dans sa pensée politique. Pendant trois décennies, à travers toutes les turbulences de la Restauration, de la crise de l'Exclusion Bill et de la Glorieuse Révolution, Locke s'était efforcé sans cesse de démolir les références intellectuelles de la monarchie absolue et d'obtenir les revendications du libéralisme politique et d'un gouvernement constitutionnel. Au centre de son système philosophique se trouvait l'axiome selon lequel les droits de propriété de l'individu existent par nature – et non par approbation souveraine. Ce principe était le fondement sur lequel Locke s'appuyait pour

---

[2] Cette notion sera expliquée en détail plus bas.

[3] Voici comment Schumpeter a commenté ce différend dans son « Histoire de l'analyse économique » : « Il [Locke] alla jusqu'à opiner que ce qu'il nommait un avilissement (*debasement*) était une futilité – en fait, une impossibilité -, car une once d'argent ne pourrait jamais valoir plus qu'une once d'argent. Sa cause et son plaidoyer ne valaient pas ceux de son principal adversaire, Lowndes. Voilà ce qui arrive à l'homme 'qui voue à un parti ce qui était destiné à l'humanité'. Il est curieux et mélancolique de noter ici : la même mesure prise et le plaidoyer de Locke en sa faveur ont été l'objet d'éloges parfois extravagants et cela durant plus de deux siècles » (Schumpeter, 1983a, 418). Ici, nous entendons le Schumpeter praticien qui a l'expérience d'un Ministre des finances et du dirigeant d'une banque privée, et non le Schumpeter, professeur d'économie à l'Université Harvard, agissant et pensant selon les règles et les croyances dictées par l'institution déjà bien établie de la profession d'économiste dans les universités anglo-saxonnes, où - à l'époque du concepteur de cette institution, Alfred Marshall - la théologie était l'une des disciplines centrales enseignées.

défendre les libertés civiles contre la violation de celles-ci par le pouvoir absolu et c'était la base idéologique du nouveau régime de gouvernement constitutionnel. Il ne faisait aucun doute que l'argent – l'un des types de propriété le plus important de toute évidence – ne pouvait pas être exclu de ce raisonnement. La théorie de la monnaie a dû être adaptée à cette nouvelle philosophie de la politique. Le postulat de Lowndes – et les enseignements des savants de l'époque - selon laquelle la valeur de l'argent d'un Anglais n'était rien d'autre qu'un produit de l'action de l'autorité du souverain, impliquait que l'individu vit simplement à la merci du Prince, qu'il soit riche ou pauvre, qu'il ait une compétence ou qu'il soit mendiant, qu'il soit un homme libre ou chargé de fers selon son bon vouloir. Tout le système philosophique de Locke avait été conçu pour prouver que l'existence d'un tel pouvoir absolu et arbitraire du souverain sur son peuple était non seulement injuste, mais contre nature. La puissance de ses arguments avait convaincu l'époque, et avec la Glorieuse Révolution et la Déclaration des droits, ils avaient transformé la constitution anglaise. La proposition de Lowndes de déprécier la monnaie était un cheval de Troie qui ne pouvait en aucun cas être autorisé à entrer dans la forteresse idéale du Libéralisme politique » (Martin, 2013, 131 – 132).

La théorie considérant l'argent comme une marchandise particulière et celle envisageant la monnaie comme institution sont toutes deux directement liées à la question de savoir qui crée la monnaie. Pendant près de trois siècles, la théorie de l'argent comme marchandise cachait le fait qu'une partie importante de la masse monétaire était créée par les banques privées par l'octroi de crédits. C'est seulement tout récemment que beaucoup de banques centrales déclarent cette vérité, et notamment la Banque de France annonce maintenant ce qui suit : « La monnaie est pour la plus grande part créée par les banques commerciales, lorsque des agents économiques empruntent pour financer leurs activités »[4]. Voici comment cette dernière décrit sur son site « le débat théorique sur la création monétaire » : « S'il est admis aujourd'hui que les 'crédits font les dépôts' (c'est le système bancaire qui est à l'initiative de la création monétaire), le contraire a été défendu jusque dans les années 1970 par nombre d'économistes, sous le nom de théorie des réserves fractionnaires : les dépôts de certains clients de la banque seraient un prérequis pour tout octroi de crédits à d'autres demandeurs. En d'autres termes, les dépôts précéderaient toujours les crédits. Cette théorie, qui a pu, par le passé, être vraie pour certaines banques, ne correspond plus à la réalité. Par un simple jeu d'écriture, un crédit devient immédiatement un dépôt, et cette écriture comptable vient gonfler la monnaie en circulation dans l'économie. C'est le besoin de financement des agents économiques qui est à la source de la création monétaire ; cette dernière accompagne ainsi l'activité économique. Les crédits des banques commerciales sont donc la source directe des dépôts, et non le contraire »[5]. Je ne serais pas surpris que cette constatation soit inattendue pour beaucoup.

---

[4] https://abc-economie.banque-france.fr/leco-en-bref/qui-cree-la-monnaie

[5] Michel Aglietta lui aussi a bien exprimé la nature de la monnaie : « La monnaie est une institution <…> Dans une économie où la monnaie est principalement émise en contrepartie du crédit, comme c'est le cas dans la plupart des économies dites ' avancées', ce sont les banques commerciales qui créent la monnaie. Mais, dans tous les cas, monnaie scripturale, électronique, métal frappé ou billets, la monnaie est fiduciaire. Il s'agit pour ainsi dire d'un phénomène mécanique. C'est toujours et partout une dette réciproque entre la société entière représentée par le système de paiement et ses membres candidats aux échanges marchands. C'est donc un lien social » (Aglietta, 2021, 30, 40).

Les destins de l'ordre social monétaire et de la discipline économique sont étroitement liés et s'influencent mutuellement. Comme Joseph Stiglitz l'a remarqué à propos du cas américain, « pour réussir à réformer leur économie, peut-être les Etats-Unis doivent-ils commencer par réformer leur science économique » (Stiglitz, 2010, 421). Un autre économiste américain, Robert Reich, ancien Secrétaire d'État à l'Emploi sous la présidence de Bill Clinton, écrit dans son livre *Supercapitalism: The Transformation of Business, Democracy, and Everyday Life* (2007)[6] : « Le capitalisme est devenu plus sensible à ce que nous voulons en tant qu'acheteur individuel de biens, mais la démocratie est devenue moins sensible à ce que nous voulons ensemble en tant que citoyens <…> En conséquence, les consommateurs et les investisseurs ont accès à un plus grand choix et à de meilleures offres, mais les institutions, qui étaient censées répartir la richesse et protéger ce que les citoyens appréciaient en commun, ont commencé à disparaitre. Des entreprises géantes qui ont dominé des industries entières se retirèrent, et les syndicats diminuèrent. Les organismes de régulation s'altérèrent. Les PDG ne pouvaient plus être considérés comme les 'hommes d'État' de leurs entreprises. Et comme l'intensification de la concurrence entre les entreprises débordait sur le domaine de la politique, les élus sont devenus moins préoccupés par les administrations et les communautés dans leurs circonscriptions, et plus préoccupés par le fait d'attirer de l'argent pour leurs campagnes. Les lobbyistes ont envahi Washington et d'autres grandes villes pour influencer les lois et les règles qui leur donneraient un avantage concurrentiel (ou

---

[6] Une traduction française de ce livre est disponible : Reich R.B., 2008. *Supercapitalisme. Le choc entre le système économique émergent et la démocratie.* Paris : Vuibert.

éviteraient un désavantage concurrentiel) par rapport aux concurrents, en exerçant une influence de plus en plus grande sur la prise de décision. Ainsi ce super capitalisme a remplacé le capitalisme démocratique » (Reich, 2007, 5, 7).

Un autre professeur américain, James Angresano, en est venu à la même conclusion. En 2016, il publie un livre sous le titre *A Corporate Welfare Economy* (ce qui peut être traduit comme « l'économie du bien-être des grosses entreprises »). Il y écrit : « J'ai consacré ma carrière universitaire à la comparaison et à l'analyse des économies. Au cours des dernières décennies, je suis de plus en plus agacé par le raisonnement sans fin selon lequel l'économie américaine était une 'économie de marché libre' alors que la réalité était complètement différente <…> Cette économie est très différente de l'économie de marché libre, car elle est caractérisée par des politiques et des règles qui sont en grande partie façonnées par les lobbyistes des grosses entreprises et les médias détenus par celles-ci. Par conséquent, les résultats du marché sont falsifiés en faveur d'un petit pourcentage des Américains les plus riches <…> Le terme 'économie de marché libre' est souvent utilisé pour décrire l'économie américaine par les médias d'information typiques, en particulier s'ils reproduisent des entretiens avec des dirigeants de grosses entreprises, des consultants ou des économistes orthodoxes. Cette répétition constante a conduit la plupart des Américains à croire que l'économie de libre marché existe réellement et que la principale menace pour la poursuite d'une telle économie est l'intervention du gouvernement » (Angresano, 2016, IX, 5). La notion d'« ordre social monétaire » que j'ai introduite est en grande partie parallèle à celle de « l'économie du bien-être des grosses entreprises » de J. Angressano.

En lisant les déclarations ci-dessus de Reich et Angresano, on pourrait penser que l'Amérique dans le passé était différente. Mais ce n'est pas le cas. Le fait que le système démocratique américain ait été créé dès le début par les riches pour les riches est démontré par le célèbre historien américain, Charles Beard, dans son livre « Une interprétation économique de la Constitution des États-Unis » (Beard, 1913). Beard caractérise la Constitution des Etats-Unis comme l'incarnation des intérêts économiques de la classe dirigeante américaine. Après avoir analysé les intérêts économiques des 55 participants à la Convention de Philadelphie de 1787 qui a élaboré la Constitution des États-Unis, Beard a conclu qu'elle reflétait la volonté de quatre groupes : le capital financier, les détenteurs de la dette publique, les industriels et les milieux commerciaux.

A la fin du 19ème siècle, c'est-à-dire cent ans après l'adoption de la Constitution américaine, Moisei Ostrogorski a fait une investigation détaillée du fonctionnement de la démocratie américaine. Et voilà ce qu'il a vu : « Les *corporations* ont acheté en gros et en détail de la législation, de la 'protection' ou des faveurs de toutes sortes ; des hommes riches achetèrent d'une manière plus ou moins déguisée des sièges dans la haute assemblée législative, se procurèrent des postes de ministres, d'administrateurs. Il parut que rien ne pouvait résister à une bourse bien garnie, que l'argent était maître dans la République <…> On pouvait acheter les membres d'une classe dirigeante pourrie, de hauts dignitaires de l'Etat, voire des tribuns du peuple, mais comment acheter le peuple lui-même, tout un peuple souverain ? » (Ostrogorski, 1993, 635). Il donne la réponse suivante à cette question : « L'organisation de partis aux Etats-Unis offrit la solution de ce problème : tous les corrupteurs qui cherchent à exploiter le pouvoir de l'Etat pour leurs fins égoïstes n'ont qu'à confondre leurs intérêts avec ceux de l'organisation de parti qui a reçu en dépôt les consciences des membres du Souverain ; ils n'ont qu'à se faire ses bailleurs de fonds » (Ibid.).

Je définis l'ordre social monétaire occidental comme un ordre social avec le pouvoir sans partage de ceux qui produisent et contrôlent la monnaie (capitalistes financiers), ainsi que ceux qui l'utilisent pour embaucher des travailleurs (capitalistes industriels). J'emprunte l'histoire de l'émergence de cet ordre social, mis en place à la suite de la « Révolution Glorieuse » anglaise de 1688, à un livre du sociologue britannique Geoffrey Ingham précédemment mentionné, livre intitulé « La nature de la monnaie » (Ingham, 2004).

Avant l'émergence d'États forts, il y avait certaines limites sociales et politiques à l'expansion de la monnaie créée par le crédit. L'espace monétaire essentiel pour assurer une véritable sphère d'échanges impersonnels était en fin de compte soutenu par les Etats. Les États étaient les arbitres ultimes de cet espace en tant que plus grands payeurs et bénéficiaires des paiements, et en tant que décideurs de ce qui était acceptable pour le paiement des impôts. Ils ont créé des espaces monétaires qui englobaient et intégraient des groupes sociaux dont l'interaction reposait précédemment sur certains liens sociaux ou des intérêts économiques spécifiques. Tant que l'argent créé par le crédit privé n'avait pas été intégré dans le système financier des États qui assurait une juridiction et une légitimité sûres, on peut affirmer qu'il s'agissait d'une impasse en termes d'évolution de la monnaie. (Ibid., 122)

À la fin du 17ème siècle, deux formes de la monnaie - le crédit privé et les pièces métalliques émises par l'Etat - étaient disponibles, mais inégalement réparties dans toute l'Europe. Cependant, elles étaient encore séparées, et leurs producteurs respectifs - à savoir, les États et les commerçants – étaient encore en conflit. La structure sociale et politique de l'Angleterre a favorisé l'intégration de divers intérêts liés aux différents types de monnaie. Dans le même temps, l'équilibre des pouvoirs était tel qu'un compromis et une répartition de la souveraineté monétaire sont devenus possibles. Mais Geoffrey Ingham estime que l'apparition de cette monnaie hybride - les pièces métalliques souveraines et les billets de change privés - n'était pas inévitable. Comme toujours, certains événements se sont avérés décisifs pour éloigner l'Etat du contrôle monopolistique des émissions de monnaie (Ibid., 126 - 127).

Avant la guerre imminente avec les Hollandais, le revenu annuel de la Couronne anglaise était inférieur à 2 millions de Livres et les dettes s'élevaient à plus de 1,3 million de Livres, et Charles II a cessé de payer ses dettes. Ce fut un événement crucial dans le rejet de l'absolutisme anglais par la bourgeoisie marchande londonienne. Cela aboutit en 1688 à la « Glorieuse Révolution », l'invitation du Néerlandais Guillaume d'Orange à envahir avec son armée l'Angleterre et à revendiquer le trône. Empêcher toute répétition du défaut de paiement était la principale considération qui a poussé le Parlement anglais à placer le roi néerlandais sur le trône par sa décision constitutionnelle de 1689. Tout d'abord, on a délibérément accordé à Guillaume des revenus insuffisants pour couvrir les dépenses normales, et par conséquent, il a été forcé d'accepter sa dépendance du Parlement pour obtenir des fonds supplémentaires. En outre, avec l'approbation de Guillaume lui-même, et sur les conseils de ses conseillers financiers néerlandais, le gouvernement a adopté des emprunts à long terme. Cela a été financé en allouant des recettes fiscales spécifiques pour le paiement des intérêts. Les créanciers de l'Etat ont été choisis parmi les marchands de Londres qui ont soutenu la proposition de créer en 1694 la Banque d'Angleterre afin de continuer à développer un peu plus le système financier. Ils ont fourni 1,2 million de Livres en tant que capitaux propres de la banque, qui ont ensuite été prêtés au roi et à son gouvernement avec un intérêt de 8% l'an, ce qui devait à son tour être couvert par les recettes douanières et les recettes d'accise (Ibid., 127).

En fait, la Banque d'Angleterre, détenue par des propriétaires privés, a transformé la dette personnelle du souverain en dette publique et, finalement, en monnaie nationale. Le fondement de cette transformation dans la production sociale de la monnaie a été un changement dans l'équilibre des pouvoirs, qui s'est exprimé dans le concept juridique de la souveraineté de la monarchie constitutionnelle appelé le « Roi-dans-le-Parlement » ("King-in-Parliament"), concept qui consiste à partager le pouvoir entre le roi et le parlement. C'est ainsi qu'en Angleterre l'institution capitaliste de la production de la monnaie par l'octroi de crédit, ainsi que l'équilibre des intérêts économiques et politiques qui la sous-tend, commencent à prendre forme. L'Etat était financé par les prêts d'une puissante classe de prêteurs qui sont passés par l'intermédiaire de la banque centrale. Chacun avait un intérêt dans la survie à long terme de l'autre. La fusion des deux types de monnaie, à savoir la monnaie-papier privée et la monnaie publique sous forme des pièces, fut rendue possible en Angleterre par un règlement politique et le rejet de la souveraineté monétaire absolutiste. Cette fusion a permis de résoudre deux problèmes importants rencontrés dans les applications précédentes de la technologie sociale de la monnaie créée par le crédit. La monnaie privée sous forme d'un billet à ordre s'est élevée du niveau d'un réseau commercial privé à un niveau supérieur incluant un espace monétaire plus large et plus abstrait basé sur la confiance impersonnelle et la légitimité (Ibid., 128).

Le monarque a perdu le contrôle absolu sur la monnaie, contrôle qui était maintenant exercé conjointement avec la bourgeoisie. Contrairement à la relation de fait et informelle existant en France au 16ème siècle entre les pièces royales frappées et les billets à ordre, l'intégration de l'Etat anglais sous deux formes a permis le développement de la monnaie créée par l'octroi de crédit. Les pièces de monnaie et les billets de banque sont devenus finalement liés par une convertibilité formelle dans laquelle les billets étaient échangés contre des pièces en métaux précieux. Ce caractère hybride du système des deux formes monétaires est le résultat d'un compromis dans la lutte pour le contrôle, qui – comme indiqué précédemment - a finalement abouti à un accord mutuellement bénéfique (Ibid., 129 - 130). Dans ce système, la Banque Centrale a un accès direct à la promesse de paiement la plus demandée, à savoir la promesse de l'Etat de payer ses créanciers. L'argent imprimé par la Banque Centrale est au sommet de la hiérarchie des promesses dans ce système monétaire (Ibid., 130).

C'était le début de l'ordre social, que – comme indiqué plus haut - je propose d'appeler « *ordre social monétaire* », où la possession de l'argent, et encore plus du droit de le créer et de le contrôler, est la source la plus importante du pouvoir. Ce que D. North, J. Wallis et B. Weingast (North, Wallis, Weingast, 2010) ont appelé « l'ordre social d'accès ouvert » est en fait un ordre social monétaire. En réalité, l'accès à de nombreuses possibilités au sein de cet ordre s'ouvre uniquement à ceux qui détiennent ces tickets universels[7] que sont l'argent.

[7] L'explication de la monnaie comme ticket universel sera présentée dans le chapitre suivant de ce livre.

Revenons à John Locke qui fut l'idéologue de l'ordre social monétaire. C'est lui qui a introduit le concept des « lois naturelles qui opèrent dans la société », et qui étaient à la base de l'économie politique classique et à laquelle le courant dominant de la discipline économique actuelle continue implicitement de s'adresser. Locke déduit l'existence de ces lois de la volonté divine (Locke, 1986). Le sociologue Pierre Rosanvallon, auteur du livre « Le capitalisme utopique. Histoire de l'idée de marché », décrit ainsi l'essence de l'idéologie développée par Locke : « Le *Deuxième Traité du gouvernement civil* est en effet une virulente critique du pacte de soumission. Cette critique de Locke s'appuie d'abord sur une radicalisation de la rupture avec les théories du droit divin ... Locke sera en ce sens le théoricien de la monarchie constitutionnelle, voire le précurseur de l'individualisme démocratique ... Locke ne partage pas la conception hobbienne de la guerre dans l'état de nature. En revanche, il conçoit comme Hobbes que le fondement du droit naturel réside dans l'instinct de conservation de l'individu. Mais il conçoit cette volonté de conservation de façon très différente grâce à sa *théorie de la propriété.* En définissant la propriété comme le produit du travail, ce qui est nouveau, Locke fait de la propriété un prolongement de l'individu. La propriété existe donc dans l'état de nature, puisque le travail y existe. C'est pourquoi l'homme « porte en lui-même la justification principale de la propriété, parce qu'il est son propre maître et le propriétaire de sa personne, de ce qu'elle fait et du travail qu'elle accomplit » (*Deuxième Traité,* ch. v, § 44, p. 100) ... Locke autonomise, privatise et personnalise le concept de propriété ... Il en résulte qu'il ne distingue pas la conservation de soi de la conservation de la propriété » (Rosanvallon, 1999, 21 – 23).

Comme il est maintenant évident pour beaucoup, la propriété n'est pas un élément de « l'état naturel », mais c'est une institution sociale, c'est-à-dire un ensemble de règles qui déterminent le pouvoir du propriétaire d'un certain objet sur tous les autres par rapport à cet objet. Ces règles sont créées par l'homme et peuvent être modifiées. Le pouvoir du propriétaire sur l'objet peut survenir non pas nécessairement comme le produit de son travail, mais possiblement par le travail d'autres personnes sous sa subordination ou par la saisie de l'objet de la propriété, y compris de manière illégale ou semi-légale.

La différence entre la réalité socio-économique et la réalité de la nature est que la première représente le flux de l'activité socio-économique et est le résultat des actions de l'ensemble de ses participants (acteurs). Ces derniers sont divisés en plus influents, ayant plus de pouvoir, et moins influents, et bien sûr le poids des plus influents dans ce qui en résulte est plus élevé, souvent beaucoup plus élevé que le poids des moins influents. Les actions des participants sont régies par certaines règles formelles (comprenant en particulier la législation) et informelles (fixées dans les coutumes) qui, à leur tour, reposent principalement sur les croyances (idées et valeurs) qu'ils partagent. Les acteurs les plus influents ont plus de possibilités que les moins influents de modifier les règles formelles, d'ajuster les règles informelles, et de convaincre les acteurs les moins influents de la validité des nouvelles croyances et de la légitimité des nouvelles règles. Les acteurs interagissent les uns avec les autres au moyen de deux outils : la monnaie et la langue. La monnaie et la langue sont des institutions, c'est-à-dire un ensemble de règles spécifiques.

L'idéologie développée par John Locke était bien étudiée par le professeur d'histoire des idées politiques, C.B. Macpherson, qui a appelé cette idéologie *l'individualisme possessif*. Il analyse dans le détail l'ouvrage de Locke, « Deuxième traité du gouvernement civil ». Il trouve dans celui-ci trois restrictions à l'appropriation individuelle : la première stipule que l'homme n'a le droit de s'approprier quoi que ce soit que dans la mesure où ce qu'il laisse « suffit aux autres en quantité et en qualité » ; la seconde indique que « tout ce qu'un homme peut utiliser de manière à en retirer un avantage quelconque pour son existence sans gaspiller, voilà ce que son travail peut marquer du sceau de la propriété… tout ce qui va au-delà excède sa part et appartient à d'autres. Dieu n'a rien créé pour que l'homme le gaspille ou le détruise » ; et la troisième précise que c'est « le travail de son corps et l'*ouvrage* de ses mains qui, mêlés aux produits de la nature, donnent à l'homme ses titres de propriété sur ces produits » (Macpherson, 1971, 221-222).

Locke comme idéologue de l'ordre social monétaire ne pouvait pas passer à côté du phénomène de la monnaie. Il est intéressant de constater que l'introduction de la notion de la monnaie dans ses raisonnements annule de fait ces trois restrictions formulées précédemment. Voilà ce qu'il a écrit à ce sujet : « Quoi qu'il en soit, car je n'y insisterais pas, voici ce que j'ose affirmer hardiment : le même *principe de propriété,* c'est-à-dire que chacun doit avoir tout ce dont il peut se servir, serait resté valable partout sans causer de gêne à personne, car le monde contient assez de terres pour suffire au double de sa population, si l'*invention de la monnaie* et la convention tacite qui lui reconnait une valeur n'avaient pas établi, par voie de consentement, des possessions plus vastes et le droit de les garder » (Ibid., 224). Locke déduit l'annulation de ces restrictions à partir de la nature de la monnaie comme marchandise matérielle (métaux précieux) : « Lorsqu'il s'agit d'acheter et de vendre, la monnaie se trouve exactement placée dans la même situation que toutes les autres marchandises, et soumise aux mêmes lois de la valeur » (Ibid., 227). Ce tournant de sa pensée était lié avec la qualité des métaux précieux d'être impérissables. De cette façon, Locke justifie de façon rhétorique l'ordre social monétaire dans le cadre duquel les personnes peuvent s'approprier des biens en quantités illimitées.

Les idées de Locke, complétées par un certain nombre d'autres penseurs, sont reprises par Adam Smith. C'est lui qui a introduit la compréhension de la société en tant que marché : « La formation de cette représentation de la société comme marché trouve son plein épanouissement dans l'école écossaise du 18ème siècle et, tout particulièrement, chez Smith. La conséquence essentielle d'une telle conception consiste en un refus global du politique. Ce n'est plus la politique qui doit gouverner la société, mais le marché. Ce dernier n'est donc pas limité à un simple instrument technique d'organisation de l'activité économique, il a beaucoup plus radicalement un sens sociologique et politique. Relu dans cette perspective, Adam Smith n'est pas tant le père fondateur de l'économie moderne que le théoricien du dépérissement de la politique. Ce n'est pas un économiste qui fait de la philosophie, c'est un philosophe qui devient économiste dans le mouvement de réalisation de sa philosophie ... L'idée de marché constitue alors plutôt une sorte de *modèle politique* alternatif. Aux figures formelles et hiérarchiques de l'autorité et du commandement, le marché oppose la possibilité d'un type d'organisation et de prise de décision largement dissocié de toute forme d'autorité : il réalise des ajustements automatiques, procède à des transferts et à des redistributions sans que la volonté des individus en général et des 'élites' en particulier joue aucun rôle » (Rosanvallon, 1999, III – IV).

En fait, dans l'ordre social monétaire résultant de la « Glorieuse Révolution », le marché oppose aux « figures formelles et hiérarchiques de l'autorité et du commandement » le pouvoir de ceux qui ont de l'argent. Mais comment l'argent se crée, qui le crée et comment il tombe entre les mains de certaines personnes, ce sont des questions que la science économique devrait traiter, mais elle ne le fait pas. Selon Rosanvallon : « Marx est en ce sens l'héritier naturel de Smith. L'utopie économique libérale du 18ème siècle et l'utopie politique socialiste du 19ème siècle participent paradoxalement d'une même représentation de la société fondée sur un idéal d'abolition de la politique. Au-delà de leurs divergences, le libéralisme et le socialisme correspondent de ce point de vue au même moment de maturation et d'interrogation des sociétés modernes » (Ibid., V).

2. Un sociologue hors du commun, Geoffrey Ingham, et deux célèbres économistes inconnus

Dans ce chapitre, nous parlerons de la nature de la monnaie et de la profession d'économiste académique. Rappelons que la monnaie et la profession des économistes universitaires sont considérées ici comme des institutions. Comme toute institution sociale, la profession d'économiste académique/universitaire est un ensemble de règles définies, accompagnées de certaines convictions-croyances, les deux étant partagées par les membres de la communauté agissant dans le cadre de cette institution. Toutes les institutions ont toujours une histoire dont elles sont le produit, et il est impossible de comprendre correctement une institution sans comprendre le processus historique au cours duquel elle a été créée. Ce processus historique appliqué à l'institution de la profession d'économiste académique/universitaire a été analysé en détail dans plusieurs de mes articles en Anglais (Yefimov, 2015a ; 2015b ; 2015c ; 2016a ; 2017) et dans mon livre en Russe (Yefimov, 2016b). Dans ce chapitre, nous examinerons, à partir de l'exemple de la trajectoire professionnelle de Josef Schumpeter, comment les règles et les convictions-croyances sont ajustées lors du changement de la communauté d'appartenance de l'économiste. Schumpeter a connu un changement très radical en passant de la communauté de l'école historico-éthique allemande à la communauté néoclassique américaine. Dans le même temps, la théorie institutionnelle de la monnaie en tant qu'unité de compte comptabilisant les dettes sera exposée dans la version du sociologue anglais Geoffrey Ingham auquel j'ai déjà fait référence à propos de la naissance de l'ordre social monétaire. Plus loin dans ce chapitre, nous montrerons brièvement la spécificité professionnelle de John Maynard Keynes.

On peut considérer que Geoffrey Ingham, professeur émérite à l'Université de Cambridge, est un sociologue hors du commun en ce sens qu'en tant que sociologue, il développe le thème de la nature de la monnaie (Ingham, 2004 ; 2020) en s'appuyant fortement sur les idées des économistes - ce qui est une rareté parmi les sociologues. Les économistes sur lesquels il s'appuie sont les célèbres John Maynard Keynes et Josef Schumpeter. A vrai dire, nous découvrons pour nous-mêmes dans les livres d'Ingham, ces deux personnalités sous des angles tout-à-fait ou presque inconnus pour nous. En ce qui concerne Keynes, G. Ingham se réfère principalement non pas à son légendaire ouvrage « Théorie générale de l'emploi, de l'intérêt et de la monnaie », mais à son œuvre « Un traité sur la monnaie », qui n'est pas très populaire parmi les économistes (Keynes, 2019). En outre, beaucoup d'économistes actuels seront apparemment surpris d'apprendre que Josef Schumpeter était un grand spécialiste du crédit et de la monnaie, bien que pour ceux qui ont étudié de près son ouvrage publié à titre posthume « Histoire de l'analyse économique » (Schumpeter, 1983a, 1983b, 1983c) et le troisième chapitre de son célèbre livre « Théorie de l'évolution économique » (Schumpeter, 1999), ce ne serait pas si surprenant. Cependant, il est probable qu'un très petit nombre d'économistes connaissent l'existence d'un livre de Schumpeter entièrement consacré à la question de la monnaie et de la banque, publié en langue originale (Allemand) vingt ans après sa mort, intitulé *Das Wesen des Geldes* (L'essence de la monnaie) (Schumpeter, 1970). Il existe actuellement des traductions en Italien (Schumpeter, 1996), en Français (Schumpeter, 2005) et en Anglais (Schumpeter, 2014).

En commençant sa vie professionnelle parmi les sociologues, G. Ingham fut en contact avec des économistes à la Faculté Economique de l'Université de Cambridge pendant près de 25 ans. Il a eu du mal à accepter que ses collègues économistes considéraient que la monnaie n'avait pas beaucoup d'importance dans leur théorie. Dans son premier livre sur la monnaie (Ingham, 2004), celui-ci a bien reflété ce désaccord. Contrairement à la théorie économique orthodoxe, Ingham soutient que l'hypothèse de l'origine de la monnaie à partir du troc n'est pas vraie.

Ingham écrit que les économistes théoriciens de la fin du 19ème siècle, qui ont créé la méthodologie de la discipline économique actuelle, ont adhéré à la théorie de la monnaie comme marchandise. En fait, on faisait référence à l'argent soit comme métal précieux soit comme son reflet symbolique en papier. Cependant, ce n'était pas quelque chose de nouveau. Les penseurs des 17ème et 18ème siècles, dont les idées venaient d'Aristote, avaient les mêmes vues. Schumpeter, dans son « Histoire de l'analyse économique » distingue deux propositions de la théorie de la monnaie d'Aristote : « La première est que, quelques autres desseins que la monnaie puisse se trouver servir, sa fonction fondamentale, qui la définit et qui explique son existence, est de servir d'intermédiaire des échanges < …> La seconde proposition est que, afin de servir comme intermédiaire des échanges dans les ventes de marchandises, la monnaie elle-même doit être l'une de ces marchandises. Autrement dit, elle doit être quelque chose d'utilisable, et posséder une valeur d'échange indépendamment de sa fonction monétaire – c'est tout ce que signifie ici valeur intrinsèque -, une valeur qui puisse être comparée avec d'autres valeurs. Ainsi la valeur-marchandise se mesure par poids et qualité comme les autres marchandises ; par commodité, on peut décider d'imprimer dessus une empreinte (χαρακτη`ρ) de manière à s'épargner l'ennui de devoir la peser chaque fois, mais cette empreinte ne fait qu'annoncer et garantir la quantité et la qualité de la marchandise contenue dans une pièce de monnaie et ne produit pas sa valeur » (Schumpeter, 1983a, 101). Les théologiens médiévaux ont beaucoup puisé dans leur raisonnement scolastique chez Aristote. En enseignant la théologie, Adam Smith connaissait bien les écrits d'Aristote et sa théorie de la monnaie coïncide pratiquement avec celle de ce dernier.

Quand Ingham parle de la sociologie de la monnaie, il ne se réfère pas seulement au fait évident que la monnaie est produite socialement, acceptée par la coutume, basée sur la confiance et a des conséquences sociales et culturelles bien définies. Il affirme que « la monnaie est une relation sociale de crédit et de dette libellée dans une monnaie-de-compte » (Ingham, 2004, 12). Keynes explique dans son livre « Un traité sur la monnaie » que « la Monnaie-de-Compte, nommément celle dans laquelle les dettes, les prix et le pouvoir d'achat global sont *exprimés*, est le concept premier d'une théorie de la monnaie. Une Monnaie-de-Compte vient à apparaitre en même temps que les dettes, qui sont des contrats pour des paiements différés, et les prix courants, qui sont des offres d'achats ou de ventes contractuels. De telles dettes ou de tels prix-courants, qu'ils soient émis oralement, gravés sur des briques en terre cuite ou enregistrés sur du papier, peuvent seulement être exprimés en termes de monnaie-de-compte » (Keynes, 2019, 193). Schumpeter utilise quant à lui le terme « unité de compte » : « Il existe un intérêt scientifique à mettre en évidence l'autonomie totalement logique de l'unité de compte par rapport à l'idée de quelque chose 'ayant de la valeur'. Cet argument nous conduit tout droit à la nature et à la spécificité de l'institution monétaire » (Schumpeter, 2005, 261).

Chez Ingham, la notion de relation sociale est proche de celle d'institution sociale. On peut même supposer que ces deux concepts sont interchangeables. Quelles que soient les formes que cela peut prendre, la monnaie est essentiellement une « promesse » de fourniture de biens et de services ou d'exécution de travaux. Et cette promesse est faite en monnaie-de-compte (unité de compte) (*money of account*). C'est James Steuart qui, pour la première fois, a introduit le concept de monnaie-de-compte dans son livre « Études sur les principes de l'économie politique » (Steuart, 1767), soit dix ans avant la parution de la « Richesse des Nations » d'Adam Smith. Steuart s'est rendu compte que la monnaie remplit la même fonction en ce qui concerne la valeur des choses que les degrés, les minutes, les secondes, etc. en ce qui concerne la température et le temps. Une unité monétaire, selon Steuart, ne peut pas du tout être ancrée dans l'éternité pour une certaine quantité d'or, d'argent ou d'autres biens.

La différence entre considérer la monnaie comme une marchandise ou comme une institution peut être clarifiée en comparant la monnaie à des phénomènes tels que le jeu d'échecs et le football, et ceci d'autant plus que Douglas North a défini l'institution comme les règles du jeu (*rules of the game*). Le jeu d'échecs, ce n'est pas des pièces et un plateau (échiquier), c'est les règles de l'interaction des joueurs d'échecs. Le football ce n'est pas une balle, un terrain et deux buts, c'est les règles de l'interaction des joueurs de football. *La monnaie* ce n'est pas de l'or, des pièces de monnaie, des billets de banque, des chiffres dans un grand livre ou un ordinateur, *c'est les règles d'interaction des membres d'une certaine communauté de paiement utilisant la même devise.* Le rôle de l'Etat, en tant qu'arbitre dans cette interaction, est de veiller à ce que les membres de la communauté de paiement respectent les règles du jeu. Les règles du jeu dans ce domaine incluent également le paiement d'une certaine quantité d'argent sous forme d'impôts à l'Etat. Les clients d'une banque privée forment une communauté de paiement privée, et une communauté de paiement publique utilisant la même monnaie est formée au sein de l'Etat qui la légitime[8]. Les pièces sont des jetons universels pour recevoir des biens et des services. Les billets de banque quant à eux sont des tickets universels pour recevoir des biens et des services. L'argent figurant dans les comptes bancaires (*bank money*) c'est les entrées dans le « grand livre » [9] de la communauté de paiement, c'est-à-dire l'ensemble des personnes physiques et morales utilisant la même devise. Ces trois types d'argent reflètent la dette de la communauté de paiement au propriétaire de l'argent, qui peut en partie être transférée à l'Etat sous forme de paiement d'impôts. La règle la plus importante de l'interaction des membres de la communauté de paiement est d'accepter l'argent que l'un de ses membres a (« la reconnaissance de dette » de la communauté à ce membre) comme paiement pour un bien ou un service que ce membre de la communauté reçoit d'un autre membre de cette communauté. Lors de la réception d'un bien ou d'un service, la dette de la communauté à ce membre, exprimée en somme d'argent dépensée pour l'achat, est effacée.

Ingham remarque que les économistes théoriciens de la fin du 19ème siècle ont incorporé la théorie de la frappe des pièces de monnaie en métaux non ferreux dans la

---

[8] Le concept de communauté de paiement a été introduit par Georg Knapp, membre de l'école historico-éthique allemande, dans son livre *The State Theory of Money*, dont l'original allemand a été publié en 1905. La traduction de ce livre en Anglais (Knapp, 1924) a été initiée par Keynes.

[9] Schumpeter a particulièrement insisté sur la nature comptable de toutes les formes de monnaie dans son livre *Das Wesen des Geldes* (Essence de la monnaie).

théorie de l'utilité marginale, et dans la théorie de l'offre et de la demande. Malgré la disparition ultérieure de toutes les formes d'argent à base de métaux précieux, les principales hypothèses de la pensée économique orthodoxe moderne restent basées sur la plus ancienne théorie connue de l'origine et de la fonction de la monnaie. Ingham affirme que, au lieu de considérer les relations entre les agents, le modèle économique orthodoxe considère les relations objet–objet (relations d'échange entre les marchandises, ou « fonction de production ») et les relations des agents individuels avec les objets (actes de calcul de l'utilité, ou « fonction d'utilité »).

Selon Ingham, les relations objet-objet et agent-objet, considérées ensemble, représentent ce que Joseph Schumpeter a caractérisé comme l'économie « réelle » : « La monnaie n'entre dans ce tableau qu'en y jouant le modeste rôle d'un expédient technique adopté en vue de faciliter les transactions. Ce système peut, certes, se détraquer et, s'il en est ainsi, cela engendrera assurément des phénomènes dont l'origine est à chercher dans son *modus operandi*. Mais, tant que celui-ci est normal, il n'affecte pas le processus économique, qui se comporte comme il le ferait dans une économie de troc. C'est là ce qu'implique essentiellement le concept d'une « Monnaie Neutre ». Ainsi a-t-on dit que la monnaie était un « vêtement » ou un « voile », cachant les choses vraiment importantes, et pour les ménages et les entreprises dans leur activité quotidienne, et pour le théoricien qui les observe. Non seulement on *peut* rejeter ce voile chaque fois que nous analysons les traits fondamentaux du processus économique, mais il *faut* le faire, à l'instar d'un voile qui doit être ôté lorsqu'on veut voir le visage qu'il recouvre. C'est pourquoi les prix en monnaie doivent céder la place au taux de change des marchandises entre elles qui sont vraiment la chose importante *derrière* les prix en monnaie » (Schumpeter, 1983a, 389). Cette particularité du modèle économique orthodoxe est en totale contradiction avec les idées exposées par Schumpeter dans le manuscrit de son livre *Das Wesen des Geldes* (l'Essence de la monnaie) (Schumpeter, 1970).

La question se pose de savoir pourquoi Schumpeter n'a pas publié un manuscrit pratiquement achevé de ce livre. Pour répondre à cette question, il est nécessaire de se référer à certains éléments de sa biographie. De mars à octobre 1919, Schumpeter a été Ministre des Finances en Autriche, et de 1921 à 1924 il a été à la tête d'une grande banque viennoise. On pourrait penser que cette période de la vie de Schumpeter fut perdue pour ses recherches, mais ce n'est pas le cas. Pendant toutes ces années, Schumpeter a acquis une expérience inestimable, et ces activités professionnelles peuvent être qualifiées en termes de méthodes de recherche comme *observation participante* et *recherche action*[10]. Ensuite, à partir de 1925 et jusqu'au moment de son émigration aux Etats-Unis en 1932, c'est essentiellement en travaillant comme professeur de finances publiques à l'Université de Bonn en Allemagne, qu'il a écrit, sur la base de ce type de recherches, son livre *Das Wesen des Geldes* (l'Essence de la monnaie), lequel a été traduit en Italien et en Anglais, et appelé - suivant l'exemple du livre de Keynes - « Un traité sur la monnaie », et dans la traduction française appelé « Théorie de la monnaie et de la banque ».

Puis, de 1932 jusqu'à la fin de sa vie, Schumpeter a travaillé à la chaire d'économie de l'Université de Harvard, dirigé par Frank Taussig. Ce dernier est considéré comme

---

[10] L'historien réputé de l'institutionnalisme originel, Malcolm Rutherford, explique dans ses travaux comment l'utilisation de l'observation participante et de la recherche action a été réalisée dans la pratique par des chercheurs appartenant à cette école (Rutherford, 2006 ; 2011a ; 2011b).

le « Marshall américain » qui, grâce à sa position à l'Université de Harvard, à son célèbre manuel de 1911 et à sa position à la tête du *Quarterly Journal of Economics* pendant 40 ans, a contribué à la diffusion de la version marshallienne de la discipline économique aux États-Unis. Caractérisant les activités d'enseignement de Taussig, Schumpeter écrit : « Comme Marshall, il enseignait l'évangile de son temps sans jamais aller au-delà ou sans montrer sa relativité < ... > Comme Marshall, il a pris les éléments de base de la théorie de Mill » (Schumpeter, 2003, 207, 220). En ce qui concerne le travail de Taussig en tant qu'éditeur en chef de la revue, « il voulait bien sûr que sa revue couvre les questions d'actualité, mais il préférait les articles sur les questions qui pourraient être discutées à la lumière des principes économiques généraux » (Ibid., 214). Tout cela signifie que les collaborateurs de Taussig devaient suivre l'approche traditionnelle britannique de l'économie politique, appellation que Marshall a changée pour l'appellation *economics*. John S. Mill a caractérisé très clairement cette approche dans son article *On the Definition and Method of Political Economy*[11]. Comme en témoigne le chercheur

[11] « Dans la définition de l'économie politique que nous avons tenté de formuler, nous l'avons caractérisée comme une science essentiellement *abstraite*, et sa méthode comme une méthode *a priori*. Telle est sans doute sa caractéristique comme elle a été comprise et enseignée par tous ses enseignants les plus distingués. Elle raisonne, et, comme nous l'affirmons, doit nécessairement raisonner, à partir d'hypothèses, non à partir des faits » (Mill, 1994, 56). Remarquons ici que le livre de Schumpeter *Das Wesen des Geldes* était basé sur les faits et non pas sur les hypothèses. A partir de l'approche prônée par Mill, la méthode principale de travail de l'économiste est la logique formelle. Ce n'est pas par hasard que Mill a consacré à la logique formelle un traité entier (Mill, 2002). Un des fondateurs de l'économie néo-classique, W. S. Jevons, a suivi son exemple (Jevons, 1958 ; 2002). A contrario, un des fondateurs de l'institutionnalisme originel, John Commons, a caractérisé les interviews comme la première

américain A.W. Bob Coats, en intégrant la révolution marginale dans son *economics*, Marshall a découragé l'investigation sur l'ordre social existant et réduit le sujet de la discipline économique en éliminant des questions troublantes telles que la répartition des revenus et de la richesse, la structure du pouvoir et la justice sociale (Coats, 1993, 396).

De toute évidence, pour obtenir un poste permanent dans l'équipe de Frank Taussig, il fallait suivre les standards établis par ce dernier, qui étaient exactement en opposition avec ce qui était accepté à l'époque dans les universités allemandes, et ce à quoi Schumpeter était sincèrement attaché dans ses activités de recherche antérieures[12]. Ceci, à mon avis, explique pourquoi Schumpeter n'a pas publié son manuscrit *Das Wesen des Geldes* (Essence de la monnaie). Sa publication aurait pu l'empêcher d'obtenir un poste permanent de professeur à l'Université de Harvard. L'analyse de cette période dans la vie de Schumpeter par Geoffrey Hodgson confirme cette hypothèse : « En 1926, Schumpeter publia une revue approfondie et synthétique du travail de Schmoller et

(*prime*) des méthodes d'investigation (Commons, 1990, 106). Deux de ses élèves témoignent que la recherche action fut activement utilisée dans leurs recherches orientées vers le développement de la législation sur les indemnités de chômage aux Etats-Unis (Raushenbush, Raushenbush, 1979, 9). Les interviews et la recherche action, ainsi que l'observation participante supposent le contact direct du chercheur avec l'objet de la recherche, ce qui correspond à la tradition expérimentale dans les sciences naturelles.

[12] Selon l'économiste allemand Alexander Ebner, Schumpeter s'est impliqué spirituellement quand il était à l'Université de Bonn dans le programme de recherche de Schmoller de l'intégration de la théorie et de l'histoire dans l'analyse du développement économique (Ebner, 2000). Il faut garder à l'esprit que Schmoller a travaillé à l'Université de Berlin, fondée en 1810, qui a largement rompu avec de nombreuses traditions de l'institution de l'université médiévale, ce qui n'était pas le cas dans les universités anglo-saxonnes.

d'autres théoriciens de l'école historique. Dans son article (Schumpeter, 1926, 3, 18, 22, 24 n. 46), Schumpeter écrit à propos des 'grandes réalisations' de Schmoller, de sa 'grandeur', de son 'travail comme étant le programme pour l'avenir', de ses 'réalisations globales' et de son 'succès'. Dans le même article, Schumpeter a écrit sur les grands mérites du travail du principal institutionnaliste américain Wesley Mitchell. <...> Après sa première visite à Harvard en 1927, Schumpeter a commencé à critiquer ouvertement l'école historique et à mépriser la tradition institutionnaliste. Dans la revue *Quarterly Journal of Economics* (Schumpeter, 1930, 158), Schumpeter a parlé avec véhémence des capacités intellectuelles de Schmoller et Veblen. < ... > Cette insulte personnelle monstrueuse a été complétée par le rejet d'une grande partie de l'historicisme et de l'institutionnalisme (Ibid., 159) et par une déclaration sur 'l'état insatisfaisant de la science économique en Allemagne' » (Hodgson, 2001, 187). Hodgson estime que « l'explication la plus évidente à cela est que Schumpeter a modifié sa position et son ton en partie pour plaire à son environnement professionnel de Harvard » (Ibid., 189).

Quelque chose de similaire, bien que quelque peu différent, est arrivé à John Maynard Keynes. Un grand nombre de textes ont été écrits à propos de Keynes, grâce auxquels nous savons pratiquement tout sur ce dernier. A partir de certains de ces textes, nous pouvons apprendre que Keynes avait une expérience pratique dans le domaine de la finance, pas moins importante, et peut-être même plus importante, que celle de Schumpeter. En 1919, Keynes est devenu directeur de la *National Mutual Life Insurance Company*, et de 1921 à 1938 il a été président du conseil d'administration de cette société. Il a été directeur de plusieurs autres sociétés financières : *Independent Investment Company* - de 1921 jusqu'à la fin de sa vie ; *A. D. Investment Trust* (de 1921 à 1927) ; *P.R. Finance Company* (de 1924 à 1936). Depuis 1923, il a en outre été président du Comité financier de la *Provincial Insurance Company* (Marcuzzo, 2019, 18). Il a enfin acquis de l'expérience dans ce domaine en travaillant au Ministère des Finances britannique (de 1915 à 1919). Grâce à cette expérience, Keynes ne pouvait pas ne pas comprendre la vraie nature de la monnaie, à laquelle il a consacré la première section du premier volume de son livre, *A Treatise on Money* (Keynes, 2013). Il traite en particulier de la question de la création monétaire par les banques privées[13] (Ibid., 20 – 27). En plus de sa propre expérience, Keynes a eu pendant de nombreuses années la possibilité de profiter des conseils de l'employé du Ministère des Finances, Ralph G. Hawtrey, qui comprenait dans les détails les mécanismes du fonctionnement de la monnaie (Hawtrey, 1919). Schumpeter, dans son essai biographique sur Keynes, écrit ce qui suit : « Le rôle de Hawtrey dans l'écriture du livre *The General Theory* de Keynes a été réduit au rôle d'un critique compréhensif et, dans une certaine mesure, sympathique. Il n'a certainement jamais été keynésien ; mais Keynes était un Hawtreyen[14] » (Schumpeter, 2003, 280).

[13] Bien que Keynes et Commons comprenaient de façon similaire le processus de la création de la monnaie par les banques privées lors de l'octroi de crédits (Tymoigne, 2003) - et on peut voir certains parallèles entre eux (Thabet, 2008) -, on constate que Keynes ne s'appuyait pas et n'étudiait pas les règles et les croyances qui y sont associées comme la source essentielle des régularités. Contrairement à Schumpeter, Keynes ne considérait pas la monnaie comme une institution et ne prévoyait donc aucun changement radical dans le fonctionnement de cette institution.

[14] Affirmer que Keynes était Hawtreyen est certainement vrai, mais les échanges compréhensifs de Hawtrey avec Keynes avaient plutôt lieu sur le « Traité sur la monnaie » (Davis, 1980) et non pas sur la « Théorie Générale ». Hawtrey n'était pas d'accord avec les idées de ce livre et se moquait de la propension de Keynes dans ce livre d'aller

Dans le même essai, Schumpeter parle des activités d'enseignement de Keynes à l'Université de Cambridge : « Il a enseigné directement la doctrine marshallienne avec le cinquième livre des 'Principes d'économie politique' [15] comme base de son cours, doctrine qu'il maîtrisait comme peu de gens et avec lequel il s'identifia pour les vingt ans qui ont suivi » (Ibid., 263). C'est là que réside l'explication de pourquoi Keynes n'a pas utilisé la compréhension de la monnaie comme monnaie-de-compte et de dette pour identifier les mécanismes des crises. Si pour Schumpeter, la raison de son abandon de sa théorie institutionnelle de la monnaie comme système de comptabilité et de dette était un changement radical d'appartenance à des communautés différentes d'économistes (communauté historico-éthique allemande et communauté des économistes néoclassiques américains), pour Keynes, la raison de ce même abandon était son enracinement dans l'économie néoclassique britannique. En outre, un facteur important, et peut-être même le plus important, dans leur réticence à contribuer à la cessation de l'émission de la monnaie par les banques privées - fait qui détermine la position de pouvoir des banquiers - était leur auto-identification avec les banquiers et les financiers.

Sans surprise, avec une telle auto-identification, ils se sont tous deux prononcés avec dédain envers le simple ouvrier. Voici ce qu'écrit à ce sujet Keynes : « Comment puis-je adopter une doctrine qui, préférant la vase au poisson, exalte le prolétariat crasseux au détriment de la bourgeoisie et de l'intelligentsia qui, en dépit de tous leurs défauts, sont la quintessence de l'humanité et sont

---

vers les définitions et les identités (Hawtrey, 1937). Une thèse spéciale a été consacrée à la biographie professionnelle de Hawtrey (Gaukroger, 2008).

[15] Cette partie du livre s'intitule : « Théorie de l'équilibre de l'offre et de la demande ».

certainement à l'origine de toute œuvre humaine ? » (Heilbroner, 1971, 266). En ce qui concerne Schumpeter, sa vision du monde peut être comprise en regardant dans son journal personnel, où Schumpeter a enregistré pour lui-même les aphorismes qui lui sont venus à l'esprit : « L'humanité ne se préoccupe pas vraiment de la liberté, la masse des gens comprend rapidement qu'elle n'est pas pour eux ; ce qu'ils veulent, c'est être nourri, dirigé, amusé et par-dessus tout dressé » (Swedberg, 1991, 200). On peut deviner ses opinions politiques dans l'histoire suivante. Un jour, une dame d'un cocktail mondain a demandé à Schumpeter s'il voterait à l'élection présidentielle pour Franklin Roosevelt. Il a répondu : « Ma chère dame, si Hitler postulait au poste de président et Staline à celui de vice-président, je serais heureux de voter pour eux contre Roosevelt » (Ibid., 141).

Le traité sur la monnaie de Keynes en deux volumes, publié pour la première fois en 1930, a été largement ignoré, et continue d'être grandement ignoré par la communauté des économistes académiques. Dans son célèbre livre, la « Théorie générale de l'emploi, de l'intérêt et de la monnaie » publié en 1936, afin d'être apprécié positivement par la communauté des économistes du courant dominant, il a été contraint d'abandonner de nombreuses dispositions de son « Traité sur la monnaie » et de passer au langage de l'économie néoclassique[16].

Qu'est-ce qui unit Schumpeter et Keynes, et sur quoi les économistes modernes restent insensibles ? Nous trouvons la réponse à cette question chez Ingham : « Schumpeter et Keynes ont fait valoir que la caractéristique distinctive du

[16] Un des premiers brouillons de la « Théorie générale de l'emploi, de l'intérêt et de la monnaie » était dans une bien plus grande mesure lié avec le « Traité sur la monnaie » que la version publiée qui représentait un « compromis significatif avec l'orthodoxie » (Ingham, 2004, 52).

capitalisme réside dans la création endogène par les banques de nouveaux dépôts d'argent sous forme de crédit ex nihilo [à partir de rien] - ou, plus précisément, à partir des relations sociales de dette. Ce crédit représente de l'argent nouveau, pas seulement la collecte de ‘petites quantités d’eau’ préexistantes dans de plus grands réservoirs » (Ingham, 2004, 63)[17].

Après cette affirmation, Ingham se réfère immédiatement à l'un des endroits de « L'histoire de l'analyse économique » - que je ne peux m'empêcher de rapporter ici presque entièrement - dans lequel Schumpeter reproduit d'abord une fausse vision de l'activité des banques en tant qu'intermédiaires entre déposants et investisseurs, puis critique celle-ci et formule une alternative :

« Tant que les déposants restent des prêteurs, les banquiers restent des intermédiaires qui collectent le ‘capital liquide’ à des sources innombrables en vue de le mettre à la disposition des commerçants. Ils n’ajoutent rien à la masse existante des avoirs liquides, même s’ils les font travailler davantage. Comme le dit le Professeur Cannan dans un article d’*Economica* (‘*The Meaning of Bank Deposits*’) qui a pu paraître à une date assez tardive que l’année 1921, ‘si les gardiens de vestiaire s’arrangeaient pour prêter exactement les trois quarts des bagages qui leur sont confiés… nous n’accuserions

[17] « Une grande partie du public ne sait pas ce que les banques font réellement de leur argent. Les diplômés en économie sont légèrement mieux informés <…> Le modèle bancaire exposé dans les manuels implique que les banques ont besoin des déposants pour démarrer le processus de création monétaire. La réalité, cependant, est que lorsqu'une banque fait un prêt, elle n'a besoin de l'argent de personne pour le faire. Les banques n'attendent pas les dépôts pour faire des prêts. Les dépôts bancaires sont créés par les banques uniquement sur la base de leur propre confiance dans la capacité de l'emprunteur à rembourser le prêt » (Ryan-Collins et al., 2012, 11, 20 - 21).

certainement pas les gardiens de vestiaire d'avoir 'créé' le nombre de bagages indiqué par l'excédent des bagages déposés par rapport aux bagages demeurant dans le vestiaire'. Telle était l'opinion de 99 sur 100 économistes.

Mais si les propriétaires de ces bagages désirent les utiliser, ils doivent les reprendre aux emprunteurs qui doivent alors s'en priver. Tel n'est pas le cas de nos déposants et de leurs pièces d'or. Ils ne prêtent rien, si on entend par là qu'ils se privent de l'usage de leur argent. Il continue à le dépenser, payant par chèque au lieu de payer en espèces. Et dans le même temps qu'ils continuent à dépenser exactement comme s'ils avaient conservé leurs pièces, les emprunteurs dépensent 'le même argent au même moment'. Evidemment, ce phénomène est particulier à la monnaie et n'a pas d'analogue dans le monde des marchandises. Aucun droit qu'on puisse posséder sur des moutons n'accroît le nombre des moutons. Mais un dépôt, qui au regard de la loi, n'est pourtant qu'un droit qu'on possède sur une somme de monnaie à court légal, sert dans une très grande mesure aux mêmes usages que ceux auxquels cette somme de monnaie pourrait servir. Les banques, bien sûr, ne 'créent' pas de la monnaie à court légal, et encore moins ne créent-elles pas de machines. Elles font, cependant, quelque chose – il est peut-être plus facile de s'en apercevoir dans notre cas que dans celui des billets de banque – qui, dans ses effets économiques, se rapproche de la création de monnaie à court légal et qui peut *conduire* à la création d'un 'capital réel' qui n'aurait pas existé sans la pratique du dépôt et du crédit bancaires. Mais cela modifie profondément la situation d'un point de vue analytique ; il devient difficilement recommandable d'expliquer le crédit bancaire d'après un modèle où les fonds sont détournés de leur usage antérieur par un acte imaginaire d'épargne et ensuite prêtés par leurs détenteurs. Il est beaucoup plus réaliste de dire que les banquiers 'créent du crédit', c'est-à-dire qu'ils créent des dépôts par leur activité de prêt, que de dire qu'ils prêtent les dépôts qui leur étaient confiés. Et si on insiste là-dessus, c'est que les déposants ne doivent pas être revêtus des insignes d'une fonction qu'ils n'exercent pas. La théorie à laquelle les économistes se cramponnaient avec tant de ténacité en faisant des épargnants alors qu'en fait ils n'épargnaient pas et n'avaient même pas envie de le faire ; elle leur attribue une influence sur l''offre de crédit' qu'ils n'ont pas. La théorie de la 'création de crédit' ne se borne pas à percevoir des faits évidents sans les dissimuler par des constructions artificielles ; elle fait également ressortir le mécanisme particulier de l'épargne et de l'investissement qui est caractéristique d'une société capitaliste pleinement développée et le véritable rôle des banques dans l'évolution capitaliste. C'est avec moins de restrictions qu'il n'est pas d'usage quand on avance une pareille affirmation que nous dirons que cette théorie constitue un progrès décisif dans l'analyse économique » (Schumpeter, 1983c, 470-472).

La théorie de la monnaie exposée dans les livres de Geoffrey Ingham est conçue pour répondre aux questions suivantes : Qu'est-ce que la monnaie ? Comment produit-on la monnaie ? Comment la monnaie gagne-t-elle, conserve-t-elle ou perd-elle de sa valeur ?

Pour Ingham, exactement comme pour Schumpeter dans son livre *Das Wesen des Geldes* (l'Essence de la monnaie), la réponse à la première question est tout à fait claire : la monnaie est une institution sociale, qui n'est rien d'autre que l'ensemble des règles. Ingham estime que l'idée de la création de la monnaie dans le cadre des relations sociales de dette (relations agent-agent) est totalement incompatible avec la méthodologie de la théorie néo-classique orthodoxe. La création et le fonctionnement de la monnaie implique l'existence d'une institution sociale qui détermine comment cela devrait se produire. Dans cette approche, on peut comprendre que *la monnaie est un moyen de paiement non pas parce qu'elle est en soi une valeur, mais, au contraire, la monnaie a de la valeur parce qu'elle est acceptée comme un moyen de règlement de la dette.* Réduire le concept de la monnaie à une marchandise ou à un symbole de cette marchandise, ou simplement à une représentation neutre des valeurs existantes, est un *puissant outil idéologique*. Après tout, la monnaie n'est pas seulement un outil technique utile comme des mesures et des poids ; *la monnaie est une relation sociale qui est intrinsèquement une relation d'inégalité et de pouvoir.*

À la question de savoir comment produit-on la monnaie, Ingham répond comme suit. La monnaie est une promesse et lorsqu'une promesse est faite, elle suppose toujours la confiance[18]. La question de la confiance dans la monnaie n'est pas une question de confiance personnelle entre les commerçants, telle qu'elle est comprise dans les modèles microéconomiques des échanges dyadiques. En revanche, la signification de la monnaie réside dans le fait qu'elle résout ce problème dans le cadre des grands marchés anonymes où la confiance interpersonnelle ne peut être créée. La monnaie est une confiance transférable[19]. Dans les conditions de l'incertitude radicale du monde réel, la confiance à long terme auto-réalisatrice (*self-fulfilling*) est enracinée dans la légitimité sociale et politique, dans laquelle des étrangers, potentiellement peu fiables parce qu'inconnus, ont la possibilité de participer dans des relations multilatérales complexes. Historiquement, cela a été fait par l'Etat. La possibilité de

[18] "Money is a promise, and the production of a promise involves trust" (Ingham, 2004, 74).

[19] "Money is assignable trust" (Ingham, 2004, 74).

céder une promesse (sous forme de monnaie) implique également la garantie plus transparente d'une interdépendance triangulaire entre l'émetteur de la monnaie et les utilisateurs de la monnaie, ainsi qu'entre les utilisateurs de la monnaie eux-mêmes. La circulation de la monnaie en tant que réseau de promesses exige l'autorité d'une certaine « autorité », qui repose finalement sur la coercition[20]. L'imposition monopolistique de certaines monnaies-de-compte (*money of account*) et le rejet de tout autre monnaie-de-compte que les symboles de crédit (*credit tokens*) approuvés par l'émetteur vont de pair avec la monopolisation de la coercition.

La façon dont la monnaie gagne, conserve ou perd de sa valeur est une question économique cruciale pour Ingham. Le schéma explicatif d'Ingham est basé sur le fait que les relations sociales de la production de la monnaie et des biens doivent être considérées comme se déroulant dans deux secteurs distincts, relativement autonomes, et la valeur de la monnaie est le résultat de conflits sociaux et politiques entre les intérêts cruciaux existant en économie. *L'idée que la monnaie forme un secteur économique distinct et autonome - c'est-à-dire un secteur qui a sa propre structure sociale de règles, de normes et de relations de pouvoir - est empiriquement évidente. Toutefois, cette position n'est pas incluse systématiquement dans les principes de base de la théorie économique, car elle n'est pas considérée comme ayant trait à la question de la valeur fondamentale de la monnaie, laquelle, croit-on, est déterminée à long terme par l'équilibre entre les quantités d'argent et de marchandises.* Selon Ingham, cette position quelque peu contradictoire ne peut pas être tenue éternellement. J'ajouterai moi-même que la réponse à la question

[20] "Establishing the promise requires 'authority', which ultimately rests on coercion" (Ingham, 2004, 76).

traditionnelle des économistes sur ce qui détermine le prix d'un bien ou d'un service est de considérer le prix comme une mesure du pouvoir du vendeur sur l'acheteur par rapport à ce produit ou à ce service. Après tout, toute institution crée un cadre pour les relations de pouvoir et l'institution de la monnaie ne fait pas exception.

Les destins des deux grands économistes que sont Schumpeter et Keynes, ainsi que l'histoire de trois cents ans de confrontation des deux théories de la monnaie, nous amènent à nous interroger sur le lien entre les théories et les idéologies, les méthodologies, et peut-être surtout avec l'institution de la profession des économistes académiques/universitaires. La profession d'économiste académique/universitaire n'est pas composée de chercheurs-enseignants indépendants, mais c'est une institution sociale (c'est-à-dire un ensemble de règles formelles et informelles acceptées dans une certaine communauté - dans notre cas c'est la communauté des économistes), et les activités de chaque membre de cette communauté sont définies par cette institution (c'est-à-dire par les règles de cette communauté). La compréhension à l'intérieur de cette communauté de ce qui est « convaincant » et de ce qui ne l'est pas est également dérivée de cette institution (c'est-à-dire que cette compréhension dépend des règles acceptées et des croyances qui les accompagnent). La différence fondamentale de l'institution des disciplines des sciences naturelles avec l'institution de la discipline économique (*institution of economics*) consiste dans le fait que l'objet central et final de la communication au sein de la communauté des chercheurs en sciences naturelles consiste dans la discussion des expériences qui ne sont autre chose que des contacts directs des chercheurs avec les objets de leurs études, et l'objet central et final de la communication au sein de la communauté des économistes représente des théories abstraites. Il est temps de reconsidérer cette situation.

3. Qu'est-ce que les économistes théoriciens universitaires enseignent réellement aux étudiants?

L'ordre social monétaire s'est établi en France beaucoup plus tard qu'en Angleterre. Il s'est établi à la suite de la révolution de Juillet 1830, qui est la deuxième révolution française (Cartron, 2005). La Révolution française de 1789 a créé les conditions de l'émergence de cet ordre, après quoi les banques commerciales et le capitalisme financier se sont développés en France. En 1800, à l'initiative des banquiers et avec le soutien de Napoléon Bonaparte, la Banque de France a été créée, organisme qui était en substance similaire à la Banque d'Angleterre. A la fin de son règne, Charles X a résisté à l'établissement du pouvoir de l'aristocratie financière ; c'est pourquoi il a été renversé à la suite de la révolution de Juillet. Jacques Laffitte, « roi des banquiers et banquier des rois » (Monnier, 2013), fut de 1809 à 1831 régent/gouverneur de la Banque de France. Il a joué un rôle crucial dans la révolution de Juillet, après quoi il a été nommé Président du Conseil avec le portefeuille des Finances de 1830 à 1831. Karl Marx témoigne dans son livre « Les luttes des classes en France » de ce qui suit : « Après la révolution de Juillet, alors qu'il conduisait son compère le Duc d'Orléans en triomphe à l'Hôtel de Ville, Laffitte laissa échapper ce mot : 'Désormais, ce sera le règne des banquiers'. Laffitte avait trahi le secret de la révolution » (Marx, 1994, 10). Le nouvel ordre social établi exigeait sa justification idéologique et les intellectuels français qui s'appelaient eux-mêmes « économistes » se sont lancés dans cette tâche.

Comme cela est bien connu, les premiers à s'appeler « économistes » étaient des partisans du laisser-faire, et au début, le terme « économiste » ne signifiait pas du tout une profession. En France, les premiers économistes se sont regroupés autour du *Journal des économistes* publié à partir de 1841. Au Royaume-Uni, le terme « économiste » signifiait à cette époque un certain « trait de culture sociale et politique », d'où l'apparition en 1843 de la revue *The Economist*, visant à protéger le libre-échange (Tribe, 2002, 4).

L'historienne américaine, Elizabeth M. Sage, dans son livre « Une science douteuse. L'économie politique et la question sociale en France du XIXe siècle » (Sage, 2009), relie la naissance de la profession d'économiste en France avec l'existence de la question sociale engendrée par l'émergence du capitalisme industriel. La naissance et l'évolution de cette profession se produisirent sous l'influence forte et déterminante de forces extérieures à la profession. « Au fur et à mesure que la force et la puissance de l'industrie augmentaient, les industriels trouvèrent dans le travail de Smith et de Say une justification de leurs activités, une validation de leur richesse matérielle et un soutien 'scientifique' aux principes du laisser-faire et de la non-intervention gouvernementale » (Sage, 2009, 23). Le livre d'Adam Smith « la Richesse des Nations » avait été traduit en Français et a reçu une large diffusion en France. Jean-Baptiste Say a contribué à la diffusion de l'œuvre de Smith dans ce pays. Les économistes français ont vu pour eux-mêmes de bonnes possibilités de professionnalisation de leur discipline, liées à la pertinence de la question sociale. Afin d'obtenir le « statut scientifique et le pouvoir », la discipline « se protégeait de la connaissance indésirable », « exaltait certains types de connaissances et en disqualifiait d'autres » (Ibid., 6). Les connaissances indésirables concernaient principalement la question sociale : « *Ce sont les industriels qui ont offert les descriptions de la question sociale et les propositions pour la résoudre que les économistes ont étudiées à leur tour, promues et greffées à leur science* (mis en italique par VY) » (Ibid., 7). Ce faisant, ils se sont appuyés sur des Adam Smith et Jean-Baptiste Say fictifs « qu'ils avaient inventés » (Ibid., 19), ignorant dans leurs enseignements tout ce qui serait contraire au principe du laisser-faire. Le contenu de leurs articles et de leurs livres était déterminé par « leur désir de protéger l'ordre social et leur peur du socialisme » (Sigot, 2010, 777).

Parmi les économistes français, l'un des défenseurs les plus importants de l'opinion selon laquelle les ouvriers sont eux-mêmes responsables de leur pauvreté était l'économiste Charles Dunoyer. Il a souligné que la bourgeoisie était elle-même sortie de la classe ouvrière médiévale et qu'elle avait réussi à gravir l'échelle sociale grâce à un dur labeur, à la frugalité et à la moralité. Si les travailleurs du 19ème siècle sont incapables de gravir l'échelle sociale, comme l'a fait la bourgeoisie à l'époque, c'est plutôt à cause d'un manque d'effort de leur part, d'un manque de moralité et d'ignorance, plutôt que d'un système économique basé sur le laisser-faire. (Sage, 2009, 15). Dunoyer considérait la pauvreté comme un mécanisme social important et bénéfique pour la société : « [D]ans la meilleure organisation sociale, la misère, comme l'inégalité, est, dans un certain degré, chose inévitable, et que, comme elle aussi, elle est un élément du progrès social. Vous dites qu'elle est incompatible avec la civilisation ? je dis qu'elle en est inséparable. Vous trouvez qu'elle est un mal hideux ? ajoutez qu'elle est un mal nécessaire. Plus l'humanité, dans son développement, avait à redouter l'effet de certains vices, et plus il était essentiel qu'ils fussent entourés de maux capables de l'en détourner. Il est bon qu'il y ait dans la société des lieux inférieurs où soient exposées à tomber les familles qui se conduisent mal, et d'où elles ne puissent se relever qu'à force de se bien conduire. La misère est ce redoutable enfer. C'est un abîme inévitable, placé à côté des fous, des dissipateurs, des débauchés, de toutes les espèces d'hommes vicieux, pour les contenir, s'il est possible, pour les recevoir et les châtier s'ils n'ont pas su se contenir. Il ne sera peut-être donné qu'à la misère et aux salutaires horreurs dont elle marche escortée, de nous conduire à l'intelligence et à la pratique des vertus les plus vraiment nécessaires aux progrès de notre espèce et à son développement régulier » (Dunoyer, 1845, 457).

Au milieu du 19ème siècle, des cours d'économie politique ont été délibérément créés pour soutenir l'ordre social existant. C'est ce que le Ministre français de l'Education nationale, Victor Duruy, écrivait en 1864 dans son rapport à l'Empereur Napoléon III sur la création de la chaire d'économie politique à la Faculté de droit de Paris : « Votre majesté adressait jadis ces paroles aux exposants de l'industrie nationale : 'répandez parmi vos ouvriers les saines doctrines de l'économie politique' et vous montriez, Sire, l'obligation pour le gouvernement de propager ces notions nécessaires dont un ministre anglais disait, à la même époque, qu'elles avaient sauvé l'Angleterre du socialisme. Cette nécessité proclamée par l'Empereur il y a quatorze ans, le pays la reconnait aujourd'hui. L'opinion publique demande qu'une lacune fâcheuse dans notre système général d'instruction soit comblée, et plusieurs villes ont déjà réclamé l'ouverture de cours d'économie politique » (Dumez, 1985, 43 – 44).

Parfois, il est utile de lire des livres anciens ; ils aident souvent à mieux comprendre le présent. Un livre publié en 1907 commence par la déclaration suivante : « Ce livre est le résumé d'un cours d'Histoire des Doctrines économiques, professé devant les candidats au doctorat ès-sciences politiques et économiques » (Schatz, 2013, 1). Le titre de ce manuel d'histoire des enseignements économiques peut sembler étrange. Habituellement, ces manuels sont appelés « Histoire de la pensée économique » ; le manuel de J. Schumpeter s'intitule « Histoire de l'analyse économique », mais ce livre d'Albert Schatz s'appelle « L'individualisme économique et social ». Dans l'avant-propos, Schatz écrit : « Je voudrais aussi que ce livre trouve accueil auprès d'un public plus vaste, à l'esprit simplement curieux d'idées générales. Ce sont de ces idées des économistes d'autrefois et des meilleurs d'entre les modernes que je me suis borné, dans les pages qui suivent, à mettre en ordre de mon mieux » (Ibid.).

Ce livre ne comprend pas les résultats de la « révolution marginaliste », intégrés plus tard par Marshall dans l'enseignement universitaire à Cambridge. Ce dernier avait émis ces « idées générales » mentionnées par Schatz, sous une forme mathématique, lesquelles sont implicitement encore présentées aux étudiants actuellement dans les cours de « Microéconomie » et dans d'autres cours théoriques. Schatz décrit honnêtement les enseignements économiques comme le développement d'une certaine doctrine : « Une doctrine économique peut donc être considérée comme l'ensemble des principes ou préceptes qui déterminent notre action dans l'ordre économique » (Ibid., 3). Actuellement on nie la nature doctrinale de l'enseignement économique et on la caractérise comme une science, liée avec la « reine » des sciences : les mathématiques.

Plus loin, Schatz donne les explications suivantes sur le « rôle éducatif » de cette doctrine : « Nous faisons, presque chaque jour de notre vie, acte d'individualiste ou de socialiste, de protectionniste ou de libre-échangiste. Devons-nous abandonner cette solution au hasard des circonstances, à la pression des intérêts présents, lorsque, depuis deux siècles au moins, tant de grands esprits se sont attachés passionnément à des problèmes du même ordre, que leur expérience pratique peut corriger les lacunes de la nôtre, que leur intelligence a rendu compréhensibles tant de phénomènes qui nous déroutent par leur complexité ? Je ne le crois pas. Certes, en économie politique plus que partout ailleurs, les vérités absolues sont hors de saison, et les principes appellent les réserves et la tolérance. Peut-être ceux qui nous paraissent aujourd'hui les mieux établis seront-ils renversés demain, bien que rien dans les résultats obtenus par les méthodes nouvelles n'oblige à le supposer. Mais nous ne devons pas, pour cette incertitude qui s'attache en définitive à toutes les formes du savoir humain, renoncer à faire état des données positives que possèdent déjà les doctrines économiques. Si ceux qui font profession d'étudier ces questions, et qui sont à même de donner sur elles, en toute bonne foi, un avis compétent et susceptible de régler notre conduite, abdiquent le rôle éducateur qui leur incombe dès maintenant, qui donc tentera d'éviter aux individus et aux peuples les irréparables catastrophes où peut conduire un opportunisme aveugle et où peut sombrer non seulement la fortune mais l'âme même d'une nation ? » (Ibid., 5 - 6).

Schatz énonce clairement l'objectif du rôle éducatif de la doctrine économique : « Aucun bouleversement de société n'empêchera qu'il y ait des intérêts froissés et qui appelleront 'justice sociale' leur avènement à un sort meilleur. Il serait donc sage d'éviter ces bouleversements, car, incapables d'atteindre leur but, ils risquent par contre de mettre en péril au grand dommage de tous, dommage non plus moral et idéal mais économique et pratique, cet état d'équilibre qui s'est réalisé tant bien que mal dans les relations sociales. Cet équilibre, comparable à la santé d'un organisme, se réalise comme elle de lui-même. La société, comme le nouveau-né, vient au monde avec ses organes en place. Il est important de connaître leur fonctionnement et leur ordre naturel, non pas pour le modifier, si illogique qu'il nous semble, mais pour le faciliter » (Ibid., 8).

Ainsi, selon les économistes orthodoxes, on ne peut en aucun cas être tenté de changer l'« ordre naturel » existant, dans lequel « l'équilibre » dans les relations publiques est « établi par lui – même » - c'est l'essence même du « rôle éducatif » de la « doctrine économique », caché derrière des constructions déductives impressionnantes et des formules mathématiques, que les économistes universitaires modernes exécutent, peut-être même sans s'en rendre compte. L'essence même de « l'ordre naturel », à la justification duquel la profession des économistes universitaires consacre son activité professionnelle depuis son apparition au milieu du 19ème siècle jusqu'à nos jours, est le fait que l'argent dans le cadre de cet ordre social est la principale source de pouvoir.

Ce que Schatz expose ouvertement sans hésitation, en ce qui concerne la discipline économique du 19ème siècle, le célèbre historien américain des enseignements économiques, Robert Heilbroner le confirme pour la suite de la profession au 20ème siècle : « Pourquoi la discipline économique bénéficie-t-elle d'un tel prestige ? <…> C'est [à cause de] son service comme idéologie – non pas une étroite apologie consciemment égoïste – mais un système de croyances du genre de celui qui accompagne et soutient tous les ordres sociaux. Le but de ces systèmes de croyances est de fournir la certitude morale qui est la condition préalable à la paix politique et sociale des esprits, tant pour les éléments dominants dans tout ordre social que pour ses éléments subordonnés. Nul doute que cette tranquillité d'esprit est toujours teintée de doute ou entachée d'hypocrisie, mais à la fin, les ordres sociaux à tous les niveaux de la hiérarchie exigent une certaine somme de connaissances et un ensemble de croyances auxquelles s'adresser. Les sociétés primitives ont leurs mythes et des interprétations de la nature, les sociétés dirigées leurs textes sacrés. Non pas exclusivement, mais non pas aussi d'une façon triviale, la discipline économique sert cet objectif pour le capitalisme en tant qu'ordre social » (Heilbroner, 1991, 473 – 474).

Dans son cours d'histoire des enseignements économiques, Schatz voit sa tâche de la façon suivante : « L'histoire des doctrines économiques a pour objet et pour utilité de rassembler les éléments d'information qui peuvent nous permettre de donner ou de refuser, en connaissance de cause, notre confiance aux systèmes économiques qui la sollicitent. Ces systèmes sont nombreux et il serait difficile de choisir entre eux, si leur diversité et leur incohérence apparentes ne dissimulaient l'éternel antagonisme de deux tendances de l'esprit humain qui, le jour venu, donnent elles-mêmes naissance à deux grandes doctrines fondamentales et opposées, entre lesquelles seule une option s'impose » (Schatz, 2013, 6).

J'ai présenté ces « deux grandes doctrines fondamentales » dans le Tableau 1.

Clarifions ci-dessous chacune des lignes de ce tableau.

1. Comportement humain

La vision de la société telle que décrite par Smith comme *société commerçante* - c'est-à-dire comme l'ensemble des « marchands » égoïstes qui interagissent entre eux uniquement guidés par leurs intérêts propres - contribue à la destruction de celle-ci, car la coordination au sein de la société est assurée non pas seulement par la confrontation des intérêts individuels, mais surtout par un *ensemble de règles formelles et informelles étroitement liées à la morale*, laquelle est une partie très importante du mécanisme de coordination sociale du comportement humain.

Tableau 1 : Deux visions du monde, l'une basée sur la notion de l'individu et l'autre sur celle de la communauté.

		L'individu	**La communauté**
1.	**Comportement humain**	Le comportement humain est déterminé par l'intérêt propre de l'individu sous les contraintes imposées de l'extérieur.	L'intérêt propre de l'individu est construit par la communauté d'appartenance, et son suivi se déroule dans le cadre des règles basées sur les croyances partagées dans cette communauté.
2.	**Comportement et langage**	La langue comme moyen de communication.	La langue comme porteur des règles et des croyances.
3.	**La liberté de l'homme**	La société et l'Etat ne peuvent que limiter la liberté de l'individu.	Seulement la société et l'Etat peuvent assurer la liberté de l'individu.
4.	**La monnaie**	Marchandise ou actif.	Règles d'interaction au sein de la communauté de paiement.
5.	**Cognition scientifique**	La découverte par la raison individuelle des lois universelles et des essences. Les chercheurs profitent totalement de leur liberté académique dans leurs activités d'enseignement et de recherche. La force convaincante de leurs théories est déterminante pour leur position académique.	L'interprétation collective des observations et des expériences. Dans les communautés académiques comme celle des économistes qui n'exercent pas de contact direct avec les objets d'étude, les membres de ces communautés sont subordonnés au dictat de leurs communautés qui, à leur tour, sont dépendantes de l'environnement politico-économique qui exprime la demande pour leur activité.

Le professeur de philosophie politique de l'Université d'Harvard, Michael Sandel, estime que nous ne choisissons pas tant nos objectifs par nous-mêmes que plutôt nous les découvrons grâce à notre intégration dans un contexte social partagé par les membres de notre communauté d'appartenance (Sandel, 1999). De cette façon, nous éprouvons des satisfactions non pas parce que nous avons les conditions nécessaires pour le choix et la révision de nos projets, mais parce que nous avons les conditions nécessaires pour prendre conscience de ces objectifs partagés par la communauté, objectifs qui sont constitutifs de cette communauté. La politique du bien commun, qui exprime ces objectifs constitutifs, nous permet de connaître le bien conjointement, alors que nous n'aurions pas pu le connaître si nous avions été seul (Kymlicka, 2002, 224). Pour Michael Sandel et ses partisans, la notion de l'Etat neutre « doit être abandonnée au profit d'une politique du bien commun » (Ibid., 220). Il affirme que « les valeurs communes ne sont pas juste soutenues par les membres de la communauté, mais qu'elles définissent leurs identités. La poursuite partagée d'un objectif commun ne représente pas une relation choisie (comme dans une association bénévole) mais un attachement qu'ils découvrent, non pas comme une simple propriété mais comme une partie constituante de leur identité » (Ibid., 226).

L'analyse de Sandel présentée ci-dessus montre qu'il faut absolument passer de la colonne gauche du Tableau 1, c'est-à-dire de l'individu, vers la colonne droite de ce tableau, c'est-à-dire vers la communauté, pour avoir une vision correcte de la réalité socio-économique. Il souligne que l'identité de l'individu provient de son appartenance à la communauté, cette dernière ayant à son tour sa propre identité, et les deux identités étant intimement liées. A partir de la publication de l'article de George Akerlof et Rachel Kranton (2000), les économistes ont commencé à s'intéresser à la question de l'identité de la personne (le sens de soi-même). Plus tard ces deux auteurs ont publié un livre sur ce sujet (Akerlof, Kranton, 2010). Ils traitent la question de l'identité en restant toujours globalement dans la colonne de gauche du Tableau 1, et ce, probablement, en raison de leur attachement au « péché originel » des économistes ancré dans leur vision du monde depuis Adam Smith et dans les règles de la profession. Akerlof et Kranton invitent indirectement les économistes à suivre l'exemple des ethnographes qui « découvrent les codes sociaux des unités économiques » (Ibid., 116) ; pourtant ils n'ont pas accordé d'importance au fait que les ethnographes étudient les discours des acteurs.

Le livre d'Akerlof et Kranton *Identity Economics. How our Identities Shape our Work, Wages, and Well-Being* a un sous-titre qui invite le lecteur à se tourner directement vers la sociologie. Il est intéressant de noter que, tout comme Shiller a eu l'attention attirée vers la psychologie (voir le chapitre 6 de ce livre) sous l'influence de son épouse psychologue, la jeune économiste Rachel Kranton - qui a initié la collaboration avec Akerlof conduisant à la publication de ce livre - est venue à la sociologie sous l'influence de son mari, qui était sociologue et qui, en plus, s'occupait du problème de l'identité.

Le livre d'Ackerlof et Kranton a une valeur particulière du fait qu'il contient un chapitre méthodologique. Les auteurs ne sont évidemment pas satisfaits du fait que « les économistes sont unanimement d'accord sur comment effectuer la recherche < ... >. Nous choisissons d'abord un modèle ou une théorie. Ensuite, nous testons le modèle en le faisant correspondre aux observations et le rejetons s'il ne correspond pas aux observations » (Ibid., 114). Les auteurs ne sont pas d'accord avec cette « méthodologie économique standard, qui met l’accent sur l'analyse statistique des populations », qui suggèrerait que « l'étude intensive d'une seule molécule serait une ‘étude de cas inutile’<...>. Dans le cas de l'ADN, il s'est avéré que le contraire était vrai » (Ibid., 116). Ils suggèrent aux économistes de suivre dans leurs recherches les ethnographes qui étudient les codes génétiques sociaux : « sur la base des nombreux détails qu'ils enregistrent et de l'attention qu'ils accordent aux sous-textes de ce que les gens disent, les scientifiques construisent une image cohérente du comportement des gens. En effet, les meilleurs travaux ethnographiques ne se contentent pas d'enregistrer ce que les gens disent ; ils décodent ce qu'ils disent et font » (Ibid., 116-117). Ackerlof et Kranton reconnaissent que « les études qui ont réussi à définir un lien de causalité sont bien sûr utiles, mais elles ne peuvent seulement que faire allusion à ce que nous désirons vraiment savoir < ... > [Les travaux] que nous trouvons particulièrement utiles ont été des descriptions et non pas des tests statistiques » (Ibid., 117-118). Enfin, ces auteurs sont convaincus que les normes et les idéaux peuvent être facilement observés : « Beaucoup de gens décrivent volontiers comment ils pensent qu'ils devraient se comporter et comment les autres devraient se comporter. Les transgressions [de ces normes et idéaux] sont les objets de ragots. Un observateur extérieur (par exemple, un anthropologue) devrait seulement apprendre les histoires et écouter les ragots pour en déduire les normes » (Ibid., 12).

C’est Gustav Schmoller qui, pour la première fois en 1900, a souligné le lien direct entre le concept d'institution et le concept de communauté : « par institution politique, juridique, économique, nous entendons l'ordre de vie de la communauté servant à certains objectifs atteints à un moment donné dans le temps, qui sert de cadre et de forme pour les actions des générations qui se succèdent » (Schmoller, 1920, 61). Les institutions et les organisations sociales ont été présentées par lui « comme le résultat le plus important de la vie morale, comme sa cristallisation » (Ibid.). Selon Schmoller, lorsqu'on parle d'une institution particulière, il s'agit d'un « ensemble d'habitudes et de règles de moralité, de coutumes et de règles de droit liées entre elles et ayant un but commun, formant ainsi un certain système qui est maîtrisé par les membres de la communauté à la suite d'une formation pratique et théorique, et bien ancrées dans la vie de la communauté. Ce système, en tant que forme typique d'action, implique toutes ses forces vivantes » (Ibid., 61 - 62). Ainsi, en comprenant les institutions, Schmoller et ses collègues sont arrivés à une position méthodologique révolutionnaire pour la science économique, selon laquelle les sources de régularité dans le fonctionnement d'un objet économique particulier - par exemple, l'économie nationale - sont des règles formelles et informelles suivies par les communautés de personnes attachées à cet objet. De plus, derrière les règles formelles et informelles, il y a certaines croyances partagées par ces communautés - des croyances qui prennent souvent leur origine dans l'histoire des communautés.

Dans le livre de Peter Berger et Thomas Luckmann, *La Construction sociale de la réalité*, il est indiqué que ce sont les règles et les croyances communes qui sont réunies dans l'institution et créent des communautés. Suivant ces auteurs : « L'institutionnalisation se manifeste chaque fois que des types d'acteurs effectuent une typification réciproque d'actions habituelles. En d'autres termes, chacune de ces typifications est une institution » (Berger, Luckmann, 2012, 104). Le constructivisme social voit la source des régularités sociales dans ces typifications réciproques, et de cette façon il exige d'étudier les institutions non comme l'arrière-plan de l'économie mais comme son premier plan.

Berger et Luckmann soulignent non pas seulement l'existence de « la réciprocité des typifications institutionnelles et la typicalité des actions, mais aussi des acteurs dans les institutions. Les typifications des actions habituelles qui sont à la base des institutions sont toujours partagées. Elles sont *accessibles* à tous les membres du groupe social particulier en question, et l'institution elle-même typifie à la fois les acteurs et les actions individuels » (Ibid.) en transformant ce groupe social dans une communauté. En plus de la notion de « typification », le constructivisme social utilise les concepts « d'accoutumance » et de « sens » (*meaning*). Les « processus d'accoutumance précèdent toute institutionnalisation » (Ibid.). Il n'est pas suffisant de définir les institutions uniquement comme des règles, mais suivant le constructivisme social, on les voit comme des règles devenues habitudes : « En ce qui concerne les significations octroyées par l'homme à son activité, l'habituation rend inutile de redéfinir chaque situation étape par étape » (Ibid., 103), et à partir du sens de la situation, il utilise la règle qui correspond à cette situation. Ces « significations ne sont pas spécifiques à l'individu, mais socialement articulées et partagées » (Ibid., 115 - 116). Ces significations sont les croyances ou la « connaissance » liée avec les règles. L'ordre institutionnel ne peut être compris qu'en termes de cette « connaissance », d'où il « s'ensuit que l'analyse d'une telle 'connaissance' est essentielle pour une analyse de l'ordre institutionnel en question » (Ibid., 116).

2. Comportement et langage

Comme Rom Harré a écrit : « Si l'on veut expliquer certains phénomènes sociaux, on pourrait dire que c'était la règle ou la convention qui sont à leur origine, et c'est là où l'on doit situer la source de l'efficacité causale dans le monde social » (Van Langenhove, 2010, 264). Il estime que deux capacités des êtres humains les diffèrent des animaux : la langue et l'auto-surveillance. Les acteurs engagés dans les interactions sociales utilisent inévitablement la langue, et cela « suppose la continuité ininterrompue entre la pensée et l'action » (Ibid., 12). Pour Rom Harré, « la personne n'est pas seulement l'agent, mais également l'observateur, le commentateur et le critique » (Ibid., 13). Cela signifie que « la règle 'existe' à l'intérieur et au travers de la pratique de la citation de cette règle, et de son appellation lors de l'entraînement, en enjoignant les autres à suivre cette règle, et en leur disant qu'ils ne l'ont pas suivie, ou qu'ils ne l'ont pas suivie correctement. Toutes ces choses sont dites aux autres et à soi-même, et on les entend dites par d'autres… La règle est utilisée par les acteurs eux-mêmes de telle façon que le phénomène de suivre cette règle n'est pas distinct de la description qu'on en donne » (Bloor, 1997, 33–34). De cette façon, « l'institution est une pratique autoréférentielle, [et] l'objet de la conversation, notamment ce qui fournit la réalité à laquelle elle fait référence, est une seule et même chose avec les actes de référence » (Ibid., 34).

C'est dans ce fait que réside la différence cardinale entre la réalité naturelle et la réalité sociale. La description des processus physiques et biologiques peut être plus exacte ou, suivant le degré de rigueur des observations et des expériences, moins exacte, et cela est lié au fait que les propriétés de ces processus ne dépendent pas de ce que nous pensons à leur propos. Par contre, « l'objet social » est basé sur les descriptions que les acteurs liés à cet objet donnent de celui-ci. Il n'existe pas indépendamment de ce que croient les acteurs liés à cet objet, et de la façon dont ils expriment par des paroles leurs croyances à son propos. De cette façon, « le suivi correct d'une règle ne peut pas être décrit plus précisément que la description de comment il faut suivre cette règle » (Ibid., 35). *Le chercheur qui étudie une institution n'a qu'à emprunter aux acteurs cette description pour comprendre le fonctionnement de cette institution.* Ce point est crucial pour la compréhension du paradigme discursif (narratif) !

Du fait que les interactions sociales passent par l'intermédiaire de la langue, les conversations et les discours doivent être considérés comme « la réalité sociale de base » qui doit être étudiée. Pour ce faire, « l'expérimentateur ou l'observateur doit entrer dans le discours des personnes étudiées et essayer de comprendre la forme du monde cognitif du sujet » (Harré, Gillett, 1994, 21). Le chercheur doit « connaître ce que signifie une situation pour la personne, et non pas seulement ce que cette situation est (<…> telle qu'elle est vue par l'observateur), si nous voulons comprendre ce que la personne fait » (Ibid., 20-21).

3. La liberté de l'homme

L'économie institutionnelle dans la version de John Commons aide à comprendre ce que représente la liberté de l'homme. Voici comment il définit la notion d'institution : « une institution pourrait être définie comme étant une action collective qui contrôle, libère et étend le champ de l'action individuelle. L'action collective prend différentes formes allant de la coutume inorganisée aux nombreuses formes complexes d'organisations en fonctionnement que sont par exemple la famille, l'entreprise, le syndicat professionnel, le syndicat ouvrier, la banque centrale ou l'Etat. Le principe commun à toutes ces formes d'actions collectives est le contrôle, la libération et l'extension plus ou moins importantes du champ de l'action individuelle » (Commons, 2001, 288). Il précise : « Par conséquent, l'action collective est plus que le *contrôle* de l'action individuelle : du fait même de ce contrôle, qui s'exprime par les auxiliaires de modalité déjà cités, elle *libère* l'action individuelle de la coercition, de la contrainte, de la discrimination ou de la concurrence déloyale exercées par d'autres individus. Mais l'action collective est plus que le contrôle et la libération de l'action individuelle : c'est *l'expansion* de la volonté de l'individu bien au-delà de ce que le lui permettraient ses faibles moyens. Le président d'une grande entreprise peut donner des ordres dont le respect, garanti par la mise en œuvre de l'action collective, permettra d'accomplir sa volonté partout où il le désire. Ainsi on peut dire qu'une institution est une action collective qui contrôle, libère et étend le champ de l'action individuelle » (Ibid., 290 – 291).

De cette façon, selon Commons, l'institution ne crée pas exclusivement des contraintes (*contrôle*) envers l'activité individuelle, comme cela est admis dans la « nouvelle économie institutionnelle », mais elle contribue à la libération de cette activité et à son extension. L'institution est censée étendre l'action individuelle établie. On peut en déduire que ce sont la société et l'Etat au travers de leurs diverses institutions qui assurent la liberté de l'individu, ce qui peut être considéré comme une autre formulation des idées de Rousseau dans son « Discours sur l'économie politique » (Rousseau, 1990, 55 – 99). La notion centrale de l'économie politique de Rousseau c'est la volonté générale, qu'il faut connaître et surtout bien distinguer de la volonté particulière. Cette volonté générale ne peut être assurée que grâce à la loi, qui seule peut protéger la justice et la liberté. Pour lui, la loi la plus importante est de respecter les lois, et leur respect ne doit pas venir de la peur des sanctions, mais du sentiment d'appartenance à la communauté pour laquelle ces lois sont rédigées avec la participation de tous, et qui de ce fait expriment cette volonté générale. Et le législateur n'est pas seul dans son devoir de conformer les lois à la volonté générale.

Dans le cadre de l'ordre social monétaire, on ne peut que constater que la volonté générale ne se réalise pas, mais c'est la volonté de ceux qui produisent et contrôlent la monnaie et détiennent une partie très importante de la masse monétaire qui prévaut. La pensée de Rousseau à propos de la volonté générale pourrait être réalisée sur la base du concept de la démocratie délibérative, concept actuellement assez largement discuté. La condition nécessaire de cette réalisation est la cessation de la production privée par les banques commerciales de la monnaie - la monnaie doit être souveraine (Hubert, 2017) – et sa gestion doit être subordonnée à un contrôle public efficace.

4. La monnaie

Comme souligné précédemment, une des institutions sociales les plus importantes dans les sociétés actuelles est l'institution de la monnaie. La monnaie est l'ensemble des règles d'interaction des membres d'une certaine communauté de paiement utilisant la même devise. Une communauté de paiement peut être créée sans banque et sans Etat. Dans ce cas, ce sont les communautés qui utilisent dans leurs interactions des monnaies locales, qui sont maintenant assez nombreuses dans le monde. Elles ne sont pas nécessairement liées à une région géographique ; ce qui les détermine est la présence des communautés dont les membres utilisent ces monnaies locales dans leurs interactions. Ces derniers, souvent, ne sont pas liés à l'emplacement, mais à Internet.

Dire en quoi consiste l'interaction des membres des communautés de paiement équivaut à expliquer ce qu'est la monnaie/l'argent. D'une part, l'argent est l'exigence/la demande (*claim*) de leur détenteur sur les biens et services offerts à la vente par les membres de la communauté de paiement (tickets universels), et d'autre part, l'argent est une dette (*debt*) de la communauté de paiement envers le détenteur de l'argent (reçu de la dette). Si, dans un système traditionnel de tickets - par exemple comme pendant la Seconde Guerre Mondiale - les tickets n'étaient pas universels et, contrairement à l'argent, donnaient droit à un certain type de produits (pain, lait, etc.), l'argent donne le droit aux personnes physiques et morales membres de la communauté de paiement d'acheter auprès d'autres membres tous les biens et services offerts par eux. Le transfert de l'argent pour le bien acheté et le service reçu est le retour par l'acheteur d'un reçu de dette à la communauté de paiement représentée par son membre spécifique. La communauté de paiement, représentée par un vendeur particulier membre de celle-ci, est tenue de fournir au détenteur de l'argent les biens et services dont il a besoin pour le montant fixé dans son « reçu de la dette » (c'est-à-dire le montant d'argent qu'il accepte de payer, renvoyant ainsi le « reçu de la dette » à la communauté de paiement). J'explique précisément dans mon récent livre (Yefimov, 2021) l'effondrement du système économique soviétique par l'absence d'une communauté de paiement en URSS et la substitution de celle-ci par l'Etat. J'explique également l'injustice et la perversité des ordres sociaux dans les pays occidentaux par le fait que l'argent est un « ticket universel » et du fait de la possibilité de le concentrer entre les mains d'une minorité de membres individuels des communautés de paiement.

5. *Cognition scientifique*

Les Lumières nous ont laissé l'héritage d'une représentation totalement faussée de la recherche scientifique. Le dualisme cartésien, qui est à l'origine de cette représentation, sépare l'objet du sujet, le fait de la valeur, la théorie de la pratique, la réflexion de l'action, le raisonnement de l'observation, la déduction de l'induction (Bush, 1993, 65 ; Mini, 1994, 39). C'est suivant cette tradition dualiste que les doctrines mutuellement exclues et opposées - telles que l'empirisme et le rationalisme ou le matérialisme et l'idéalisme - étaient élaborées. En dépit de toutes les différences entre ces doctrines, elles partagent la même représentation de la recherche scientifique présentée ci-dessous en Fig. 1.

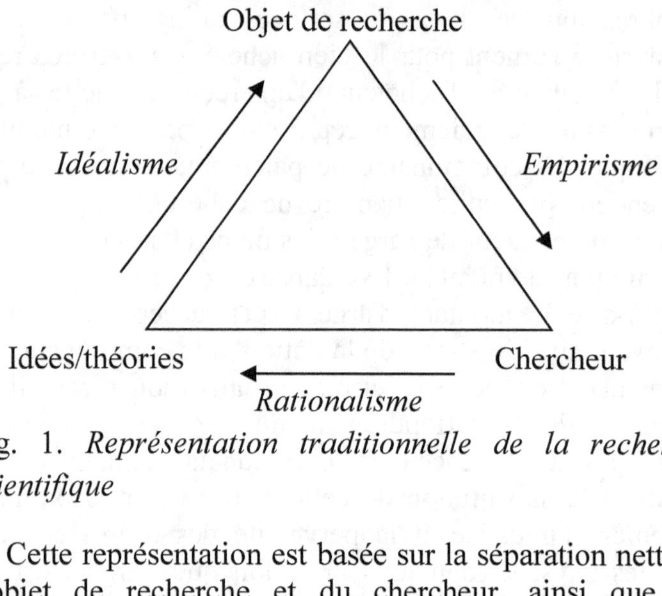

Fig. 1. *Représentation traditionnelle de la recherche scientifique*

Cette représentation est basée sur la séparation nette de l'objet de recherche et du chercheur, ainsi que sur l'individualisme du processus de la recherche scientifique. Suivant les doctrines, trois éléments de cette représentation - objet de recherche, chercheur et idées/théories – sont liés différemment. L'empirisme considère les liens entre ces éléments de la façon suivante : objet de recherche → chercheur → idées/théories. Le rationalisme voit les liens entre ces éléments différemment : chercheur → idées/théories →

objet de recherche, d'où provient la théorie des lunettes. Le positivisme de Comte hésitait entre ces deux visions, ce qui a permis à John S. Mill d'annoncer que l'économie politique ne doit être rien d'autre qu'une science abstraite. L'idéalisme a proposé les liaisons suivantes entre ces trois éléments : idées/théories → objet de recherche → chercheur, et le matérialisme a tourné la direction des flèches dans le sens inverse.

Les partisans de ces différentes doctrines en sciences sociales, qui partagent cette représentation traditionnelle de la recherche scientifique en provenance des Lumières, sont condamnés à la stérilité cognitive, car elle oriente leur attention dans de fausses directions des constructions des hypothèses et des théories a priori, des vérifications ou des falsifications, au lieu de l'organisation de situations expérimentales où les objets d'études pourraient résister aux idées et aux théories des chercheurs à leur sujet. La représentation de la recherche scientifique en provenance des Lumières réduit ladite méthode scientifique à la méthode hypothético-déductive qui fait l'accent sur la vérification (*testing*) : « La première étape pour tester une théorie scientifique consistait à déduire certaines prédictions empiriques de la théorie et de ses conditions initiales. La deuxième étape consistait à vérifier ces prédictions par rapport à ce que nous observons ; si les prédictions empiriques s'avéraient vraies, la théorie était confirmée et si ces prédictions s'avéraient fausses, la théorie n'était pas confirmée. Dans les deux cas, ce n'était pas l'induction, mais plutôt les conséquences déductives d'une théorie scientifique, qui étaient pertinentes pour son support empirique <...> La méthode hypothético-déductive permettait aux théories scientifiques d'être 'basées sur' des observations empiriques (déductives) sans être réellement 'construites à partir de' ces observations (inductives) » (Davis, Hands and Maki, 1998, 376).

La vérification dans le cadre de la représentation traditionnelle de la recherche scientifique n'ajoute pas beaucoup de réalisme à la recherche, car la « vérification » des constructions purement mentales, coupées de l'ancrage dans la réalité, n'est pas vraiment probante : « Coupé de l'observation comme *source* de vérité, l'esprit cartésien mise beaucoup sur les 'tests' pour réaffirmer son réalisme. Mais les tests ne sont pas une garantie d'idées correctes car, ayant perdu son amarrage à la réalité, l'esprit économique a créé tant d'énigmes, de puzzles et de constructions purement mentales que les tests prouvent tout et rien. » (Mini, 1994, 41).

Situation expérimentale
(objet de recherche + chercheur avec ses instruments)

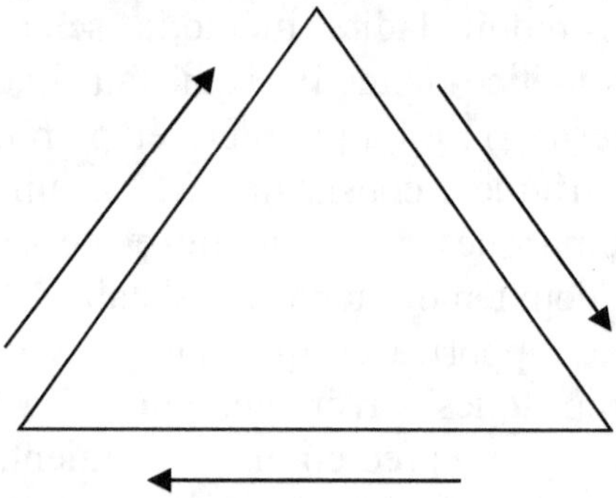

Communauté des évaluateurs — Idées-théories
(témoins-pairs + juges-décisionnaires)

Fig. 2. *Représentation constructiviste de la recherche scientifique*

La Figure 2 ci-dessus reflète la représentation constructiviste de la recherche scientifique. L'objet de recherche et le chercheur avec ses « instruments » ne sont pas séparés mais constituent ensemble la situation expérimentale.

Cette représentation prévoit que le destin des idées et des théories, qui sont construites sur la base des observations et des expériences par le chercheur, n'est pas déterminé exclusivement par les vérifications et/ou falsifications de la communauté des chercheurs, mais par une communauté plus large d'évaluateurs. En plus des membres de la communauté scientifique, la communauté des évaluateurs comprend des administrateurs, des politiques et des segments concernés du public. Les évaluateurs peuvent être divisés en deux catégories : les témoins et les juges.

La différence entre ces deux catégories consiste dans leurs rôles respectifs dans la procédure des évaluations : les premiers expriment juste leur opinion à propos des idées et des théories évaluées, et les seconds, prenant ou ne prenant pas en considération ces opinions, prennent les décisions concernant le destin des idées et des théories et de l'avenir de la situation expérimentale elle-même.

La plupart des membres de la communauté scientifique, sauf ceux qui détiennent le pouvoir dans cette communauté, rentre dans la catégorie des témoins. La représentation constructiviste de la recherche scientifique ne conduit pas vers le relativisme et ne contredit pas l'objectivité de la recherche si la situation expérimentale est construite de telle façon que l'objet d'étude soit capable de « résister » aux idées et aux théories exprimées par le chercheur à son sujet.

Si dans la représentation traditionnelle de la recherche scientifique le chercheur était seul dans la quête de la vérité comme d'une copie plus en moins exacte de la réalité, dans la représentation constructiviste c'est la communauté scientifique qui cherche à trouver un accord à propos des idées et des théories qui exigent encore une approbation par les membres influant de la communauté des évaluateurs. C'est l'institution de chaque discipline scientifique qui détermine les règles de cette évaluation.

Le point de départ de ces règles dans les sciences naturelles est la « résistance » des objets d'étude aux idées et théories évaluées.

Cela n'est pas le cas dans les sciences économiques. A l'heure actuelle, la majorité des économistes ne considèrent pas dans leurs recherches les acteurs comme leurs objets d'étude qui sont porteurs des règles et des croyances à propos de ces règles. Dans la plupart des cas, ils ignorent les détails des institutions, en les considérant au mieux comme un arrière-plan de l'économie, et concentrent leur attention sur les caractéristiques quantitatives ou/et qualitatives plus au moins synthétiques de l'économie. De cette façon, la source des régularités en économie (les règles et les croyances qui les soutiennent) n'est pas mise au centre de la recherche, d'où leurs maigres résultats.

La divergence institutionnelle radicale entre les sciences naturelles et les sciences économiques s'explique par les différences dans les processus historiques de leur institutionnalisation.

L'institution de la science économique était née au sein de l'institution de l'université. Du 13ème jusqu'au 19ème siècle, l'activité de l'université était basée sur l'idée que « tout le savoir accessible reposait sur un certain nombre de textes, d'« autorités » vénérables, héritées de l'Antiquité, et que tout progrès dans le savoir ne pouvait dériver que d'une exégèse plus approfondie de ces textes » (Charle, Verger, 2007, 10). La véritable formation était obtenue en dehors de l'université et « le grade universitaire valait avant tout comme brevet d'appartenance sociale, geste d'allégeance à l'ordre politique imposé » (Ibid., 56). Même si le nombre important des penseurs sont passés par l'université, « c'est généralement hors de l'université qu'ils ont élaboré leurs œuvres majeures ou fait leurs découvertes » (Ibid., 53). Ce sont les sociétés savantes qui ont servi de berceaux à l'institution des sciences naturelles. Ces sociétés représentaient des formes organisationnelles alternatives aux universités. Les nouvelles sociétés savantes avaient pour but de fournir une forme organisationnelle nouvelle, adaptée à la nouvelle pratique de l'obtention des connaissances par l'expérimentation ; elles étaient tournées vers la production de connaissances nouvelles, et non pas vers le maintien et les commentaires de vieux textes. Ces sociétés savantes – et c'était central pour leur identité – essayaient de lier le progrès de la science aux affaires sociales et non pas exclusivement aux préoccupations savantes ou religieuses (Shapin, 1996, 133).

La liaison entre la science et l'université était créée initialement en Allemagne au 19ème siècle par la réforme de Wilhelm Humboldt. A la fin du 19ème siècle, quand l'institutionnalisation de la science économique en Allemagne, en Angleterre et aux Etats-Unis a eu lieu, les programmes d'études des universités anglaises et américaines étaient dominés par l'enseignement basé sur les sources antiques et la Bible. C'était le facteur décisif de leur institutionnalisation en tant que discipline enseignée aux universités suivant leurs traditions scholastiques. Au contraire, en Allemagne la science économique était institutionnalisée au sein de la nouvelle université de recherche où l'approche expérimentale était hautement appréciée. Le nouvel état allemand unifié était très intéressé dans l'unité nationale et la crise politique du capitalisme de la fin du 19ème siècle créait des dangers pour cette unité. La communauté des économistes allemands était encouragée et soutenue par l'Etat dans son engagement de contribuer à la résolution de la « question sociale ». La première association professionnelle des économistes (*Der Verein für Sozialpolitik)* était créée en 1873 pour mobiliser la profession pour la résolution de ce problème.

4. Qu'est-ce que l'économie discursive?

J'ai introduit le terme « économie discursive » par analogie avec le terme « Psychologie discursive » (Edwards & Potter, 1992), dont l'un des théoriciens était Rom Harré. À l'époque, il était à la tête du *Centre for Philosophy of Natural and Social Science (CPNSS)* de *London School of Economics*. J'ai fait en novembre 2010 une intervention au séminaire de ce Centre sous le titre « Vers une Économie Discursive (Méthodologie et histoire de la discipline économique reconsidérées) ».

Voici ce que Rom Harré m'a écrit deux jours après mon intervention : « J'ai pensé que votre intervention s'était très bien passée - J'étais désolé qu'il n'y ait pas plus de gens pour l'entendre. Je pense que pour développer le texte, en plus de restaurer l'ontologie et l'épistémologie, il serait bon d'avoir des commentaires critiques plus poussés sur le courant dominant de la discipline économique. Cela vous permettrait de développer votre regard sur le projet Wisconsin et le mouvement allemand du 19ème, et pour montrer plus clairement comment ils représentent le style discursif. Il serait bon aussi d'avoir plus de détails sur la façon dont vous avez adopté la méthode discursive dans votre propre travail. Quoi qu'il en soit, nous serons heureux de considérer votre texte pour la publication par le CPNSS »[21].

---

[21] "I thought your talk went very well - I was sorry that there not more people to hear it. I think to develop the text, apart from restoring the ontology and epistemology, it would be good to have more streamlined critical comments on mainstream economics. This would allow you to develop your account of the Wisconsin project and of the nineteenth German movement, and to show more clearly how they represent the discursive style. It would be good too to have more

Et voici ce que je lui ai répondu :

« Je vous remercie beaucoup pour l'évaluation de mon travail. Je suis très honoré par cette évaluation et encouragé à le poursuivre. <…> Je suis totalement d'accord avec vos conseils pour l'amélioration du papier exprimés dans votre e-mail du 12 novembre. Je pense que ce serait utile dans la section sur l'ontologie de montrer comment le courant dominant de la discipline économique suit l'ontologie newtonienne et pourquoi toute amélioration des constructions analytiques dans le cadre de cette ontologie ne peut pas être fructueuse pour apporter une compréhension des phénomènes socio-économiques. Je suis d'accord avec vous qu'il est nécessaire de montrer plus clairement comment la Nouvelle école historique allemande et l'Institutionnalisme américain représentent le style discursif. Dans la future version de mon article, je vais essayer de présenter plus clairement mon évolution vers l'approche discursive et de décrire plus en détail mes recherches reflétées dans mon livre de 2003. Mais, comme vous le savez, vendredi 12, j'ai eu un rendez-vous avec Max Steuer. Sa réaction sur le texte de mon exposé, que je lui avais remis plusieurs jours avant mon intervention, et sur mon exposé lui-même, était très négative. Il en était très irrité et pouvait difficilement cacher sa colère. Je pense qu'il était sûr que mon rejet du courant dominant de la discipline économique venait du fait que je ne le maîtrisais pas. <…> Peut-être ne pouvait-il pas savoir que pendant plusieurs années dans les années 1990 et 2000, j'ai enseigné les modèles économiques sophistiqués aux étudiants de l'Université de Savoie en

---

detail on how your own work adopted the discursive method. Anyway, we will be pleased to consider it for the CPNSS occasional papers."

France. Au contraire lors de notre discussion avec Max, je me suis rendu compte qu'il n'avait aucune idée de l'approche discursive. Pour exemple, il a été vraiment choqué par la phrase suivante à la fin de mon texte : 'J'espère qu'un jour les économistes accepteront que la réalité sociale de base à étudier est la réalité des discours des acteurs économiques'. Il m'a dit que la réalité sociale de base étudiée par les économistes est la réalité du chômage, de l'inflation, etc. J'ai essayé de lui expliquer que ces derniers sont des phénomènes à étudier, dont les régularités peuvent être révélées par les investigations des discours des acteurs. C'est en ce sens que les discours des acteurs sont la réalité sociale de base. J'ai l'impression qu'il n'en a jamais entendu parlé ni réfléchi sur le sujet. Ce qui est plus grave que son ignorance de l'approche discursive, c'est le fait qu'il a totalement refusé d'entendre quoi que ce soit sur le sujet. Max est l'éditeur en chef de *LSE Philosophy Papers*, qui ont remplacé à partir de 2007 les *CPNSS Discussion Papers Series*, et c'est pourquoi je lui ai annoncé mon désir de préparer sur la base de mon intervention un article à publier en tant que *LSE Philosophy Paper*. Il m'a décrit la procédure de la manière suivante : il enverra le papier à 3 rapporteurs choisis par ses soins et après avoir reçu leurs évaluations, il décidera de le publier ou non. Je lui ai demandé si Rom Harré pourrait être parmi ces rapporteurs ; il m'a répondu que ce ne serait certainement pas le cas. Implicitement, il m'a proposé deux options pour la préparation de mon papier de manière à augmenter les chances d'être publié. Le premier était d'exclure les attaques contre le courant dominant de la discipline économique et de présenter l'approche discursive non pas comme une négation du courant dominant mais comme son amélioration. Le second était d'écrire un article non pas en tant qu'économiste mais en tant que sociologue, psychologue social ou quelque chose comme ça, qui ne comprend rien en économie mais essaie d'aider les économistes, et dans ce cas, comme me l'a dit Max, toute aide de l'extérieur à la profession serait la bienvenue. Je pense que les deux options sont inacceptables. Pourriez-vous me conseiller sur ce que je devrais faire? »

Je pense que la description de ce cas n'exige pas de commentaire.

En n'ayant pas possibilité de réaliser les recommandations de Rom Harré dans *LSE Philosophy Papers* à cause de la réaction de l'éditeur en chef de ces publications, je les ai mises en œuvre dans mon article en Russe « Analyse discursive en économie : méthodologie et histoire de la discipline économique reconsidérées » (Yefimov, 2011a ; Yefimov, 2011b) et dans mon livre également en Russe « La science économique en question. Autres méthodologie, histoire et pratiques de recherche » (Yefimov, 2016b).

Dans mon exposé à LSE, je me suis fortement appuyé sur les idées de Rom Harré et j'ai essayé de les appliquer à l'économie. Par ontologie, on entend « l'exposition systématique des suppositions concernant les catégories basiques des êtres admises dans l'univers assumé dans un domaine scientifique » (Harré, Gillett, 1994, 29). Tony Lawson (1997, 2003) a essayé de traiter les questions d'ontologie en économie en se basant sur les idées de Roy Bhaskar (2008) ; pour ma part, je considère ces questions en m'appuyant sur la conception des sciences sociales de Rom Harré[22] (Van Langenhove, 2010).

Rom Harré utilise la notion de connaissance sociale qui est principalement la connaissance des règles et des conventions. Selon lui, « la capacité d'une personne à agir

[22] Rom Harré a beaucoup influencé Roy Bhaskar (Van Langenhove, 2010, 2), lequel a fait de nombreuses références à ses ouvrages dans son livre 'A Realist Theory of Science' (Bhaskar, 2008).

et rendre compte de ce qui a été fait dépend de son stock de connaissances sociales » (Ibid., 11). La connaissance sociale partagée dans une communauté donnée est la source des régularités sociales qui peuvent être observées dans cette communauté. Cette vision de recherche est reflétée dans le tableau ci-dessous en comparaison avec la vision traditionnelle en provenance de la vision mécaniste de Newton.

Presque tous les économistes seraient d'accord avec l'affirmation que la tâche de la science économique est d'étudier les relations de cause à effet entre l'offre, la demande, la production, la consommation, les investissements, les prix, le niveau des salaires, les intérêts, et diverses autres « choses » et la survenance du chômage, de l'inflation, de la croissance économique ou au contraire de la récession, et d'autres types « d'évènements ».

De plus, ces « choses » et « évènements » sont considérées par les économistes comme se situant dans l'espace et dans le temps. Et bien peu de gens pensent que cette ontologie newtonienne (voir le tableau ci-dessous) n'est pas suffisamment appropriée pour l'analyse de la réalité socio-économique. Rom Harré estime que les sciences sociales, dont l'économie fait partie (ou au moins devrait faire partie), ont besoin d'une ontologie totalement différente qu'il a appelée « discursive ».

En appliquant l'ontologie newtonienne à la sphère sociale, les chercheurs en sciences sociales considèrent les personnes comme des objets inanimés qui interagissent les unes avec les autres de façon similaire aux molécules dans l'espace et dans le temps, en produisant de cette manière des phénomènes qui peuvent être compris en analysant les relations causales résultant de cette collision entre les « personnes-molécules ».

Tableau 2. : Deux ontologies

Ontologies	***Où faut-il faire la recherche ?***	***Que faut-il étudier ?***	***Quel type de résultats faut-il obtenir ?***
Newtonienne	Espace et temps	Choses et évènements	Causalité
Discursive	Ensembles de personnes	Actes de langage	Règles et fils narratifs des histoires

Source : (Harré, Gillett, 1994, 29) avec adaptation de l'auteur

Dans l'ontologie discursive (voir Tableau 2 ci-dessus), si l'on voulait suivre cette analogie physique, les molécules ne sont pas les personnes elles-mêmes, mais les *actes de langage*[23] produites par ces dernières. Il n'est pas primordial de voir où et quand ces actes de langage se sont produits, mais de prendre en compte la communauté (l'ensemble de personnes) dans lesquels ils se sont réalisés. Le comportement des membres de chaque communauté peut avoir ses propres régularités, en provenance des règles spécifiques suivies par les membres de cette communauté. La recherche doit viser à découvrir ces règles au travers de l'étude des actes de langage, et de cette façon à identifier les régularités socio-économiques de cette communauté, car ces régularités ne sont jamais universelles. Cela devient possible parce que ces règles, avec les croyances qui les accompagnent en les légitimant, s'expriment justement dans les actes de langage. Ces règles, et les croyances qui les justifient, sont stockées et reproduites par les membres de la communauté sous la forme d'histoires dont les fils narratifs, ensemble avec les règles elles-mêmes, peuvent être identifiés par le chercheur au travers de l'analyse des actes de langage. En même temps, « l'ensemble de personnes » peut désigner un échantillon de la communauté ciblée. Le choix des personnes de l'échantillon et sa taille fait dans le cadre de l'approche discursive sont effectués d'une manière totalement différente par rapport à celle de l'approche mécaniste. Le chercheur doit rentrer en contact avec les personnes disposées à partager leur connaissance sociale. La taille de l'échantillon (le nombre de personnes contactées) est déterminée par ce que l'on appelle la

[23] « Un acte de langage est un moyen mis en œuvre par un locuteur pour agir sur son environnement par ses mots : il cherche à informer, inciter, demander, convaincre, promettre, etc. son ou ses interlocuteurs par ce moyen ». http://fr.wikipedia.org/wiki/Acte_de_langage

« saturation théorique », lorsque le chercheur n'apprend rien de nouveau en contactant des personnes supplémentaires dans la communauté ciblée.

L'ontologie exposée ci-dessus peuvent paraître très sophistiquée, inhabituelle, et (on pense habituellement que) les chercheurs en économie ne l'ont jamais utilisée. Tout cela est inexact. Le livre de Ferdinando Galiani « Dialogues sur le commerce des blés » (Galiani, 1984), publié initialement en 1770, et le livre de James Steuart « Recherche sur les principes de l'économie politique » (1767) représentent l'exposé des faits collectés par contact avec les acteurs et leurs réflexions à propos de ces faits. Cela ne correspond pas du tout à la tradition ultérieure de l'économie politique qui basait ses conclusions sur des suppositions et non pas sur les faits[24]. Cette caractéristique de baser les réflexions sur les faits était déjà présente dans le livre de Pierre de Boisguilbert[25], « Le détail de la France » (1695)[26]. Antoine de Montchrestien est souvent mentionné dans les textes de l'histoire de la pensée économique comme l'auteur du terme « économie politique ». Je présume que peu d'auteurs qui le mentionnent comme tel, ont vraiment lu son « Traité

---

[24] John Stuart Mill a formulé explicitement ce trait de l'économie politique (Mill, 1994, 56).

[25] L'observation participante de Boisguilbert était basée sur son engagement dans le commerce et l'agriculture dans sa terre de Pinterville. Il pratiquait également les interviews en parcourant « sans cesse la campagne en quête des renseignements, interrogeant tous les laboureurs qu'il rencontrait sur son chemin. Il se documentait également auprès des riches négociants et capitalistes de Rouen » (Hecht, 1966, 154). En lisant son livre *Le Détail de la France* (Boisguilbert, 1966), on peut avoir l'impression de lire un compte rendu d'observations participantes réalisé sous la forme d'une description en profondeur (*thick description*) suivant la méthodologie de Clifford Geertz (1973).

[26] Réédition récente (Boisguilbert, 1966).

d'économie politique » (1615)[27]. En dépit du fait que ce livre ait été écrit sous forme d'un message au roi de France et à sa mère régente, il utilise le même style de description des faits et des réflexions à leur sujet. Les informations recueillies étaient basées sur l'expérience pratique de l'auteur. Tous ces auteurs utilisaient déjà intuitivement l'approche discursive dans leurs recherches car leurs objectifs étaient de *comprendre* le monde dans lequel ils vivaient et de donner des propositions de changements sur la base de cette compréhension.

Je voudrais souligner qu'ils ont produit des analyses basées sur les faits et non pas des doctrines. Montchrestien, comme Boisguilbert, ne sont même pas inclus dans la liste des cent grands économistes avant Keynes d'après Mark Blaug (1986). Les historiens de la pensée économique cherchent dans les ouvrages de ces auteurs non pas des connaissances à propos des économies des siècles passés, mais des doctrines qui peuvent être liées aux doctrines existant à l'heure actuelle. Par exemple, Gilbert Faccarello en analysant les œuvres de Boisguilbert ne s'intéresse pratiquement qu'à son rôle d'auteur de la doctrine du « laisser faire » (Faccarello, 1986, 1999). Montchrestien et Boisguilbert ont fait l'analyse des faits et adressaient, chacun à leur époque, leurs analyses contextualisées au roi pour solliciter une autre direction de la politique économique. Schmoller et Commons faisaient la même chose deux siècles plus tard, avec les résultats positifs qui sont bien connus (législations de l'Etat providence).

A partir du 19ème siècle, l'économie politique prend une tournure doctrinale. Deux doctrines s'opposent : celle de Smith et celle de Marx. Dans son discours prononcé à l'Université royale de Frédéric-Guillaume à Berlin le 15 octobre 1897, Schmoller compare les écoles de Smith

---

[27] Réédité par François Billacois (Montchrestien, 1999).

et de Marx : « L'économie politique devint une science autonome ; elle a donné dès lors naissance aux deux grandes théories ou écoles qui ont dominé la pensée et l'action de 1770 à nos jours : l'économie politique individualiste, et l'économie politique socialiste. Ce sont deux enfants de la même mère : l'ancienne théorie, la théorie individualiste abstraite de la nature des Physiocrates et d'Adam Smith à J.S. Mill et à K.H. Rau, et la théorie socialiste un peu plus moderne de la lutte de classes de William Thompson à Karl Marx, sont le produit du droit naturel, libéral et radical. Ces deux écoles croient pouvoir déduire de la nature humaine abstraite un système objectif complet de l'économie actuelle. Toutes deux exagèrent, comme tout le 18ème siècle et la philosophie de la première moitié du 19ème siècle, notre possibilité actuelle de connaître ; toutes deux veulent arriver d'un bond, *sans l'étude des détails* (mis en italique par VY), sans une base psychologique exacte, sans des études préalables complètes de droit et d'histoire économique, à la vérité économique ultime, et par elle dominer le monde, les hommes, les Etats ; toutes deux sont liées à la connaissance économique empirique de leur époque, elles cherchent à s'accommoder à ces données empiriques, mais toutes deux ne sont, chez leurs principaux représentants, que des *idéologies* (mis en italique par VY), des systèmes fermés, qui posent directement un nouvel idéal de l'économie, de la vie sociale, de l'ensemble des institutions économiques et juridiques. Par leur méthode et leur contenu, *elles ne s'élèvent pas encore complètement au rang d'une véritable science* (mis en italique par VY) » (Schmoller, 1902, 228). Schmoller a bien vu que ces deux écoles ne sont que des philosophies et non pas des sciences qui suivent la tradition des sciences naturelles[28].

[28] « Les grands économistes de l'école libérale, tout comme les grands socialistes, ont moins en vue d'arriver à la connaissance scientifique

Maintenant, de la même manière que Rom Harré l'a fait pour l'ontologie, je souhaite présenter l'épistémologie discursive par rapport à l'épistémologie newtonienne. Edwin Arthur Burtt, dans son livre *The Metaphysical Foundations of Modern Science*, décrivait la méthode mathématico-expérimentale de Newton de la manière suivante : « Premièrement, la simplification des phénomènes par les expériences, de sorte que les caractéristiques de ceux-ci qui varient quantitativement, ainsi que le mode de leur variation, puissent être saisis et définis avec précision. Deuxièmement, l'élaboration mathématique de telles propositions, généralement à l'aide du calcul, de manière à exprimer mathématiquement le fonctionnement de ces principes dans toutes les quantités ou relations qui pourraient être trouvées. Troisièmement, d'autres expériences exactes doivent être faites (1) pour vérifier l'applicabilité de ces déductions dans tout nouveau domaine et les réduire à leur forme la plus générale ; (2) dans le cas de phénomènes plus complexes, pour détecter la présence et déterminer la valeur de toutes causes supplémentaires (en mécanique, forces) qui peuvent ensuite elles-mêmes être soumises à un traitement quantitatif ; et (3) suggérer, dans les cas où la nature de ces causes supplémentaires reste obscure, une expansion de notre appareil mathématique actuel afin de les traiter plus efficacement. » (Burtt. 2003, 221 – 222).

Cette méthode a montré son efficacité en sciences naturelles, en particulier en physique. Le monde de Newton peut totalement être caractérisé par des chiffres,

---

que d'atteindre des fins pratiques ; ils veulent moins connaître ce qui est que ce qui doit être ; ils préconisent tous deux des idéaux pratiques, politiques et sociaux. Mais les premiers s'adressent aux princes et aux hommes d'Etat, aux parlements et aux savants ; les derniers, à la masse des petites gens, aux ouvriers, aux non-possédants, aux illettrés » (Schmoller, 1902, 232).

quantitativement. La plupart des économistes actuels pensent que le monde économique peut être caractérisé de la même manière. Ils ne se posent pas la question de savoir *quelle est la source des régularités socio-économiques ?* Pour Newton, la source des régularités de la Nature était le *Créateur*. Pour Adam Smith, la source des régularités socio-économiques était la même ; sa « *main invisible* » était la main divine. Antony Waterman, professeur d'économie à l'Université du Manitoba, dans son livre « L'économie politique et la théologie chrétienne depuis les Lumières » (Waterman, 2004), sur la base de l'analyse du contenu du texte de la « Richesse des nations », est arrivé à la conclusion que les mots « nature » et « lois naturelles » jouent dans ce texte le même rôle que les mots « Dieu » et « lois divines » jouent dans les textes théologiques traditionnels. Le constructivisme social n'a pas besoin de l'hypothèse de la création de mondes naturels ou socio-économiques par Dieu. Il n'accepte pas non plus la croyance de la plupart des économistes et de nombreux spécialistes en sciences sociales selon laquelle le monde social survient. Le constructivisme social est basé sur l'hypothèse que le monde social est construit socialement. J'ai déjà évoqué le rôle crucial du langage dans cette construction et des connaissances institutionnelles/sociales comme source de régularités socio-économiques.

À la lumière de tout cela, je formulerais l'analogie pour la recherche socio-économique de la première étape du schéma épistémologique newtonien comme suit : assimilation par les chercheurs sur la base de l'analyse des discours des acteurs des connaissances institutionnelles /sociales de ces derniers impliquées dans le phénomène étudié.

La plupart des économistes et de nombreux philosophes des sciences déforment la première étape du schéma newtonien ; ils transforment ce schéma en un schéma hypothético-déductif dans lequel la première étape n'est pas du tout expérimentale. Selon le Prix Nobel de Chimie, Ilya Prigogine, et la philosophe des sciences, Isabelle Stengers, dans leur livre sous-titré *Man's New Dialogue with Nature,* ils expliquent : « Le dialogue expérimental avec la nature, que la science moderne se découvre capable de mener de façon systématique, ne suppose pas une observation passive, mais une pratique. Il s'agit de manipuler, de mettre en scène la réalité physique jusqu'à lui conférer une proximité maximale par rapport à une description théorique. Il s'agit de préparer le phénomène étudié, de le purifier, de l'isoler jusqu'à ce qu'il ressemble à une situation idéale, physiquement irréalisable mais intelligible par excellence puisqu'elle incarne l'hypothèse théorique qui guide la manipulation. Les relations entre expérience et théorie proviennent donc du fait que l'expérimentation soumet les processus naturels à une interrogation qui ne prend sens qu'en référence à une hypothèse concernant les principes auxquels ces processus sont soumis, et à un ensemble de présupposés concernant des comportements qu'il serait absurde d'attribuer à la nature. <…> Le dialogue expérimental constitue une démarche fort particulière. L'expérimentation interroge la nature mais à la manière d'un juge, au nom des principes postulés. La réponse de la nature est enregistrée avec la plus grande précision, mais sa pertinence est évaluée en référence à l'idéalisation hypothétique qui guide l'expérience : tout le reste est bavardage, effets secondaires négligeables. » (Prigogine, Stengers, 1986, 76-78). La nécessité de ce type de procédé provient du fait que la nature est muette. Voilà pourquoi on ne peut l'interroger qu'en utilisant la langue théorique développée par les chercheurs. Par contre, les objets des sciences sociales en général, et économiques en particulier, sont les êtres humains qui ne sont pas muets, et dont les chercheurs sont capables de comprendre la langue. Toutes les pratiques sociales sont inévitablement verbalisées, et le chercheur doit se plonger dans cette verbalisation, c'est-à-dire qu'il doit étudier les règles écrites (par exemple les lois) et apprendre à partir de contacts directs avec les acteurs les règles non écrites (règles informelles). Milton Friedman ne comprenait pas cette différence entre les sciences naturelles et les sciences sociales, d'où sa célèbre déclaration : « Une théorie est la manière dont nous percevons les 'faits', et nous ne pouvons pas percevoir les 'faits' sans une théorie » (Friedman, 1953, 34)[29].

Revenons au schéma de recherche newtonien. Les économistes sont vraiment des champions parmi les spécialistes des sciences sociales pour appliquer littéralement la deuxième étape de la recherche newtonienne à l'économie : le courant dominant de la discipline économique est fortement mathématisé. Cette mathématisation s'appuie sur l'ontologie newtonienne, c'est-à-dire en étudiant les choses et les évènements se trouvant dans l'espace et dans le temps, et en cherchant les relations de causalité. Le passage à l'ontologie discursive du Tableau 2, c'est-à-dire en étudiant les actes de langage (discours et/ou textes) au sein des ensembles de personnes pour discerner les règles et fils narratifs des histoires qu'ils racontent, transforme radicalement la lettre de la deuxième étape newtonienne, mais elle en soutient fortement l'esprit. Cette deuxième étape prend la forme de la préparation d'une « description dense » (*thick description,* terme proposé par l'anthropologue Clifford Geertz), à partir de l'étude du discours des acteurs exposant leurs significations concernant le phénomène

---

[29] Cette croyance de Friedman est partagée non seulement par les représentants du courant dominant, mais aussi par beaucoup d'économistes hétérodoxes.

étudié. La préparation d'une « description dense » peut inclure l'élaboration de concepts (si nécessaire) enracinés dans des données qualitatives et quantitatives. La « description dense » contient une compréhension du phénomène étudié.

L'analogie dans le domaine socio-économique de la troisième étape newtonienne de recherche peut être effectuée en réalisant d'autres observations/expériences en étudiant les actes de langage (discours et/ou textes) au sein d'autres ensembles de personnes afin de comprendre les phénomènes étudiés dans leur forme plus générale. En complément dans cette troisième étape on peut s'adresser aux données historiques appropriées afin de comprendre les racines historiques du phénomène étudié et, de cette manière, d'approfondir sa compréhension.

5. Economie discursive : de la repentance des économistes académiques à la résurrection de l'économie institutionnelle originelle

L'utilisation des mots « science » et « scientifique » implique souvent beaucoup d'abus. Certains considèrent la théologie comme une science. Pendant très longtemps, le terme de « socialisme scientifique » était très populaire. Le terme « science » est souvent interprété de manière très large, mais son utilisation n'est pas sans danger. Le fait est que dès que nous appelons quelque chose « science », inévitablement nous transférons l'autorité de la science - issu de son énorme succès dans la transformation de notre vie matérielle - à cette chose. Mais avant de procéder à ce transfert, il serait plus honnête de comparer préalablement les pratiques de cette chose avec les pratiques des sciences naturelles qui assuraient leur grande autorité. A l'époque des fondateurs des deux types d'institutions de la discipline économique, Gustav Schmoller et Alfred Marshall, une telle comparaison était difficile, car la pratique de la recherche en sciences naturelles n'avait pas encore fait l'objet d'étude anthropologique intense, et ceux qui ont écrit sur ces pratiques étaient en fait peu familiers avec celles-ci. L'économie avait déjà été une vraie science avec des chercheurs comme Montchrestien, Petty, Boisguilbert, Steuart, Galiani, Schmoller et Commons.

La méthodologie économique dominante durant les dernières décennies était dans une grand mesure poppérienne (Mäki, 1993, 5). Rom Harré caractérisait Popper comme le dernier des philosophes qui élaborait l'idéal rationaliste en terme de logique. Harré croit que « les êtres humains utilisent des procédures rationnelles, mais elles doivent être comprises suivant des modèles de la pensée et du langage beaucoup plus riches que ceux qui peuvent être capturés dans les schémas de la logique traditionnelle de la vérité et de la fausseté » (Harré, 1994). *La méthodologie de la discipline économique devrait se concentrer* non sur les méthodes de la construction de théories et de procédures de vérification ou de falsification, mais plutôt *sur les procédures d'organisation des situations expérimentales dans lesquelles l'objet et le sujet de l'étude ne sont pas séparés les uns des autres, mais interagissent activement.* Une coopération active dans la situation expérimentale entre l'objet de l'étude et le chercheur doit avoir lieu sur la base de la langue de l'objet d'étude (une communauté-cible), plutôt que sur la base de la langue du chercheur. L'organisation des situations expérimentales conformément à cette méthodologie donnera aux chercheurs l'accès aux histoires racontées par les membres de la communauté-cible contenant les règles de cette communauté et les croyances qui les expliquent et justifient.

Marc Blaug dans son article « Pourquoi je ne suis pas un constructiviste. Confession d'un poppérien non repentant » écrivait : « Je sais que Popper jouit d'une faible estime parmi les philosophes professionnels des sciences. Je sais qu'il y a de vraies faiblesses et peut-être même des défauts dommageables dans sa position. Mais je crois toujours qu'une grande partie de la lettre et certainement tout l'esprit de cette théorie se rapprochent bien plus de mes convictions profondes sur la méthodologie de la discipline économique que tout autre penseur philosophique » (Blaug, 1994, 111). De cette façon, Blaug a confirmé que les économistes sont des poppériens. Je pense pour ma part que les économistes, *pour devenir socialement utiles*, devraient *se repentir* et abandonner la méthodologie poppérienne *pour assimiler la méthodologie discursive constructiviste*. Ils devraient *ressusciter* une grande partie de la lettre et certainement tout l'esprit des courants économiques qui utilisaient déjà cette méthodologie, à savoir l'École historique allemande et l'Institutionnalisme américain.

Alain Leroux et Alain Marciano posent la question de la façon suivante : « La science économique est-elle une science ? ». Ils constatent que « 'la science dure' que vise la discipline économique est la science physique contemporaine » (Leroux, Marciano, 1998, 110). On parle très souvent de « l'envie de la physique » (*physics envy*) des économistes ; pourtant, à leur avis, « l'économiste n'est pas envieux. Il est complexé <…> Lorsqu'au 18ème siècle l'économie politique s'extrait de sa chrysalide (la philosophie politique), elle initie une forme nouvelle de philosophie sociale. Son objet est donc toujours la compréhension du lien social mais son originalité est de privilégier pour cette recherche la complémentarité qu'impose l'activité économique. Or, il se trouve que, au même moment, une forme de pensée rationnelle visant un tout autre objet s'affranchit du cadre tutélaire de la philosophie : la pensée scientifique. Encore juvénile, l'économie politique est alors tiraillée entre sa nature et son rêve. Elle se sait philosophie (sociale) et se désire science (sociale). Le complexe originel est constitué et se manifeste d'emblée par un souci d'apparence, qui pousse l'économiste à copier l'architecture du savoir scientifique de l'époque < …> La raison première de cette dérive est bien sûr à chercher dans le complexe originel de l'économiste, qui le pousse à copier les formes prises par le discours du physicien sans s'interroger sur les différences substantielles de leurs savoirs respectifs » (Ibid., 111-113).

Les économistes ont le droit d'utiliser les pratiques philosophiques, mais à condition de ne pas appeler ces pratiques des pratiques « scientifiques ». Les pratiques philosophiques ont évolué au cours des deux derniers siècles. Le professeur de philosophie morale d'Adam

Smith était Francis Hutcheson (1694-1746). Son manuel *Système de philosophie morale* (Hutcheson, 1755) a beaucoup influencé Adam Smith qui enseignait lui-même cette discipline à l'Université de Glasgow dans les années 1760, mais avec une grande différence : le premier légitimait l'ordre établi avec ses *règles* dans les termes théologiques, moraux, juridiques et économiques, et le second dans sa *Richesse des nations* légitimait l'ordre établi sans le recours à la notion de règles.

L'économie institutionnelle pratiquée aujourd'hui par les membres de la communauté des économistes académiques est principalement ce qu'on appelle la « Nouvelle économie institutionnelle ». Elle appartient à l'économie du courant dominant de la discipline économique et n'a rien de commun avec l'approche discursive. Néanmoins, je suis convaincu que l'économie institutionnelle originelle a démarré comme un courant de la pensée économique et de pratiques de recherche sur la base de l'approche discursive. Cela s'est passé au tournant du 19ème et du 20ème siècles, dans le cadre de la « Nouvelle école historique allemande »[30] dirigée par Gustav Schmoller et de « l'Institutionnalisme américain » de Walton Hamilton et John Commons[31]. J'en suis arrivé à la conclusion que ces deux courants partagent l'ontologie et l'épistémologie discursives en étudiant non seulement leurs travaux de recherche, mais aussi des mémoires et des enquêtes historiques spéciales de ces écoles basées sur des enquêtes d'archives. Le livre d'Erik Grimmer-Solem de Wesleyan University, *The Rise of Historical Economics and Social Reform in Germany 1864 – 1894*, (Grimmer-

[30] Les membres de cette école l'appelaient l'Ecole historico-éthique.

[31] La Nouvelle école historique allemande a cessé d'exister avec l'arrivée au pouvoir d'Hitler et l'Institutionnalisme américain originel a suivi le destin de l'école allemande à cause de l'émergence du « maccarthysme » aux Etats-Unis.

Solem, 2003) a été particulièrement précieux pour ma compréhension de l'école de Schmoller. De nombreuses publications de Malcolm Rutherford, professeur à l'Université de Victoria au Canada, m'ont permis de connaître beaucoup de détails sur les activités de recherche de Hamilton, Commons et ses étudiants. La plus grande partie des publications de Rutherford a été rassemblée dans son livre *The Institutionalist Movement in American Economics, 1918-1947. Science and Social Control* (Rutherford, 2011b).

Schmoller et ses collègues ont fondé leurs recherches sur la supposition que « *les principales sources des régularités sociales étaient la morale, l'éthique et les institutions communes* » (Grimmer-Solem, 2003, 160) pour les membres d'une communauté. Ainsi, pour comprendre les phénomènes socio-économiques, il est nécessaire « *d'étudier toutes les institutions qui ont émergé au fil du temps pour contraindre et façonner le comportement individuel en action ciblée et en interaction sociale* » (Ibid.). Ce genre d'étude ne pouvait être rien d'autre qu'une analyse des discours et des textes. Ce fut un véritable tournant discursif (linguistique) en économie. Schmoller croyait que les sciences économiques et sociales avaient la même épistémologie que les sciences naturelles, avec comme différence qu'elles devaient être herméneutiques. Le tournant discursif/linguistique/herméneutique des économistes allemands du 19ème siècle avait vu le jour sous l'influence de Wilhelm Dilthey, dont le livre *Einleitung in die Geisteswissenschaften* (« Introduction aux sciences de l'esprit ») (1883) était très apprécié par Schmoller[32].

Les économistes allemands effectuaient leurs recherches collectivement : ils étaient organisés au sein d'une « Union pour la politique sociale » (*Verein für*

---

[32] Traduction française de ce livre : (Dilthey, 1942).

Sozialpolitik), un organisme de recherche dont l'objectif était de fournir des informations en provenance de recherches aux politiciens, au public, aux législateurs et aux fonctionnaires du gouvernement, qui utiliseraient ensuite ces informations « scientifiques » comme base pour les décisions politiques, et ne seraient donc pas aveuglés par le brouillard de l'« économie partisane » (Grimmer-Solem, 2003, 179). Les fondateurs de cette Union partageaient leur frustration générale face au mode de raisonnement de l'économie classique « qui semblait totalement en contradiction avec le climat scientifique positiviste et matérialiste de l'époque, lorsque les sciences naturelles célébraient succès après succès en travaillant empiriquement » (Ibid., 123). Grâce à cette Union, dans la communauté des économistes allemands les bonnes pratiques professionnelles se sont identifiées à la recherche empirique. L'Union a guidé et organisé la recherche économique par son comité permanent qui fixait l'ordre du jour des conférences annuelles. Ces conférences n'étaient pas que des rencontres de membres de la profession partageant entre eux les résultats de leurs recherches. Ces conférences étaient des lieux de débats sur les études commandées. « Avant les conférences, le comité permanent de l'Union a tenu des réunions pour désigner et voter les sujets qui seront discutés lors des conférences. Des séries de questions ont ensuite été formulées et des paramètres ont été définis pour la recherche et le travail sur le terrain (ou dans le cas d'enquêtes, des questionnaires détaillés ont été rédigés et envoyés) par un expert mandaté, et de plus en plus, par des groupes d'experts. Les résultats de ces investigations et enquêtes furent ensuite compilés en études résumées qui ont été diffusées avant les conférences <...> Après les conférences, les études commandées ont été publiées dans la série de monographies de l'Union » (Ibid., 69 - 70).

L'institution allemande de la discipline économique, avec cette Union comme partie intégrante de cette institution, a été créée sous la direction de Schmoller qui collaborait très étroitement avec le gouvernement de Bismarck.

Aux États-Unis, l'institution de la discipline économique sous la forme de l'Institutionnalisme du Wisconsin (Rutherford, 2006) était à bien des égards similaire à celle de l'Allemagne. Le rôle de Schmoller a été joué par John R. Commons travaillant en étroite collaboration avec l'administration du gouverneur/sénateur de l'État du Wisconsin, Robert La Follette. Dans le Wisconsin, le modèle allemand a même été amélioré : en plus de la recherche historique et monographique, les chercheurs ont commencé à utiliser une technique qui a ensuite été appelée « recherche action ». Cela a été fait sous les auspices de la Commission industrielle du Wisconsin, qui a servi de laboratoire au groupe de Commons où ils ont fait leurs investigations. Richard Ely, d'abord enseignant et plus tard patron de Commons, est maintenant connu presque exclusivement comme le fondateur de *l'American Economic Association*. Il n'est pas largement connu qu'Ely et ses collègues, qui avaient obtenu des doctorats en économie en Allemagne, voulaient créer une version américaine de l'Union schmollérienne, mais ils n'y sont pas parvenus à cause de la forte résistance qu'ils ont rencontrée. Ely a transmis à Commons la méthode de recherche schmollérienne qui comprenait, comme élément central, des contacts directs avec les acteurs et la méthode humboldtienne d'enseignement universitaire, c'est-à-dire l'implication des étudiants dans le processus de recherche. Ely témoigne : « Il [professeur Commons] était en contact, d'une part avec les ouvriers, et d'autre part avec les dirigeants d'industrie. Il frayait avec toutes classes de personnes. Il présentait dans le cadre de ses cours à ses étudiants des personnes <…>, qui étaient considérés comme de très dangereux radicaux. Pour lui, ces personnes n'étaient simplement que des types humains, avec qui ses étudiants devaient faire connaissance face à face. D'autre part, il était simplement désireux de faire connaître à ses étudiants des capitalistes et des capitaines d'industrie. Il pouvait admirer un leader syndicaliste ; il pouvait comprendre le simple travailleur et il avait une grande admiration pour les grands capitaines d'industrie. Afin de comprendre leur point de vue, il est devenu membre de la Commission Industrielle de l'état du Wisconsin en prenant un congé à l'Université » (Ely, 1938, 187, 188).

Les économistes actuels ne se rendent pas compte que « la plupart des fonctions économiques du gouvernement américain que nous tenons pour acquises aujourd'hui furent l'œuvre de Commons et de ses élèves dans la première moitié du 20ème siècle » (Mirowski, 1987, 1027). Le Président Théodore Roosevelt caractérisait les résultats obtenus dans le Wisconsin de la façon suivante : « Grâce au mouvement pour un gouvernement populaire véritablement démocratique que le sénateur La Follette a conduit à une victoire écrasante dans le Wisconsin, cet état est devenu littéralement un laboratoire pour une législation expérimentale judicieuse visant à assurer l'amélioration sociale et politique de la population dans son ensemble < …> Dans tout le pays, nous devons apprendre la leçon du Wisconsin sur la législation radicale concernant l'auto-assistance populaire développée sur une base scientifique [compensation des accidents du travail et du chômage] et l'assurance santé. Le peuple américain a décidé qu'il devait y avoir un changement pour le mieux dans leurs conditions politiques, sociales et économiques ; et le besoin premier de nos jours est de développer en pratique les nouveaux mécanismes nécessaires à la réalisation de cette nouvelle tâche. Il n'est pas facile en fait d'assurer une égalité mesurable des chances à tous les hommes au lieu de simplement en parler. Il n'est pas facile de faire de cette république une véritable démocratie industrielle et politique. Il n'est pas facile d'obtenir justice pour ceux qui, dans le passé, ne l'ont pas reçue, et en même temps de voir qu'aucune injustice n'est infligée aux autres dans le processus. Il n'est pas facile de maintenir le niveau d'équilibre et de montrer clairement que nous nous sommes fermement opposés à ce que ce gouvernement soit transformé soit en gouvernement ploutocratique soit en gouvernement par la foule. Il n'est pas facile de donner au public un contrôle approprié sur les corporations et les grandes entreprises, tout en empêchant l'abus de ce contrôle. Le Wisconsin a obtenu un succès vraiment remarquable sur chacun de ces points d'efforts difficiles » (McCarthy, 1912, 2-3).

Le point de vue bien répandu sur l'école de Commons est que l'activité de ses membres se limitait à la collecte de données[33]. Ce point de vue totalement erroné correspondrait par exemple à une vision réductrice du travail d'investigation de la police et des juges d'instruction, considérée comme essentiellement la collecte de données. En réalité, les enquêteurs passent plus de temps à analyser les données collectées qu'à les recueillir. L'analyse effectuée exige des données complémentaires qui alimentent et affinent à leur tour la poursuite de l'analyse qui fera ressortir la compréhension de ce qui est arrivé, c'est-à-dire ce que l'on appelle la

[33] L'école de pensée lancée par Schmoller et Commons est souvent accusée de ne pas créer de théories comme le font les économistes néoclassiques. Les économistes traditionnels tentent en vain de trouver dans les textes des institutionnalistes américains des théories déductives basées sur des axiomes a priori : « Les institutionnalistes semblent avoir souffert d'une confusion méthodologique concernant la nature de la théorie. Ils pensaient qu'une description était une théorie » (Ward, 1966, 187).

vérité. Le même type d'activités est parfois effectué par les journalistes dans le cadre du journalisme d'investigation. Le fait que les journalistes et les économistes utilisent l'investigation ou l'enquête comme leur instrument de travail ne signifie pas l'identité de leurs professions. Ce n'est pas par hasard que Commons appelait sa façon de faire la recherche « l'investigation ». La version initiale de son dernier livre publié post mortem en 1950, *The Economics of Collective Action*, était intitulée *Investigational Economics.* Cette version initiale fut également publiée par Warren Samuels (Commons, 1998). Les pratiques de recherche de l'école de Commons consistaient dans la réalisation d'investigations ou autrement dit d'enquêtes. Les sociologues utilisent également les enquêtes ; pourtant, ils les utilisent dans le cadre de leur discipline qui a des objectifs différents de ceux des économistes : par exemple, la compréhension des rouages du chômage ne fait normalement pas partie des préoccupations des sociologues. L'application de la méthode d'enquêtes par les économistes ne les privent pas de rester des économistes.

L'économiste hétérodoxe Geoffrey Hodgson, actuellement éditeur en chef du *Journal of Institutional Economics*, ne partage pas l'approche discursive utilisée par les institutionnalistes américains. Dans son livre (Hodgson, 1988), ce dernier a critiqué Friedman non pas pour son poppérianisme, mais sur la base de sa position « fortement anti–empiriste » (Ibid., 28 - 35). Discutons maintenant les arguments « anti-empiristes » de Hodgson qui emploie le terme « théorie » au lieu de la notion de « vision » : « La principale critique de l'épistémologie empiriste <...> est qu'aucune observation ne peut être indépendante du cadre conceptuel, de la langue et du système théorique de l'observateur. Par conséquent, aucun fait 'objectif' ne peut être connu sans l'influence des préconceptions préjugées de l'enquêteur » (Ibid., 35). Je crois que l'erreur de Hodgson est de considérer « le cadre conceptuel, la langue et le système théorique de l'observateur » presque comme des synonymes. Un enquêteur *institutionnaliste constructiviste* a son cadre conceptuel avant de s'engager dans une étude de terrain. Ce cadre conceptuel consiste dans sa conviction que les régularités proviennent des règles et croyances, d'où il faut étudier les institutions (règles formelles et informelles) et les croyances liées à ces règles. Néanmoins, la déclaration suivant laquelle « tous les faits sont exprimées par la langue, et une langue a-conceptuelle ou a-théorique est impossible » est un sophisme à cause de l'utilisation ici de notions non définies de « théorie » et de « langue ». Les « théories » et les « langues » dans les études sociales peuvent être de différents niveaux. La déclaration est vraie si les notions de « langue » et de « théorie » sont utilisées dans le sens de catégories partagées dans un certain environnement linguistique socio-culturel, lequel peut être très grand. Par exemple, si le domaine d'étude était la campagne russe, alors la connaissance de la langue russe, y compris les termes techniques agricoles, serait suffisant pour commencer « l'observation », à savoir se rapprocher des gens qui vivent dans ce milieu, les voir dans une variété de situations auxquelles ils sont confrontés, en notant leurs problèmes et en observant comment ils les traitent, faisant partie de leurs conversations, et en regardant leur vie telle qu'elle se déroule (Blumer, 1969, 37).

Dans le même temps, la déclaration de Hodgson est fausse si les notions de « langue » et de « théorie » sont utilisées dans le sens des catégories et des modèles/théories/hypothèses partagés par une communauté de chercheurs. Par exemple, la collecte de données concernant des variables quantitatives préconçues utilisées dans une théorie, et fuyant toute autre information qui pourrait être recueillie sur le terrain si elle n'entre pas dans cet ensemble de variables préconçues, rendra l'enquêteur « aveugle » à de nombreuses informations pertinentes pour la recherche effectuée qui pourraient être ramassées. Dans le cas de l'utilisation de notions/catégories partagées par les acteurs du domaine d'étude, le chercheur a la possibilité de faire une découverte et de reconsidérer son image préétablie du domaine d'étude par le développement de ses propres nouvelles notions/catégories. Dans le cas de l'utilisation de notions/catégories partagées exclusivement par les membres d'une certaine communauté scientifique, le chercheur membre de cette communauté est certainement tributaire du cadre conceptuel de la communauté. La validité potentielle du cadre conceptuel institutionnaliste est basée sur la conviction que les régularités sociales viennent des règles et croyances socialement partagées. Mais ce cadre conceptuel n'est pas un modèle ou une théorie, mais une *vision*. Au contraire, dans le cas de l'utilisation d'un modèle a priori ou d'une théorie, le chercheur n'est pas en mesure de découvrir dans le domaine quelque chose en dehors de son modèle/théorie/hypothèse a priori, et ce qu'il peut faire, c'est seulement de tester ce modèle/théorie/hypothèse.

Geoffrey Hodgson a raison en disant que « nous ne pourrons jamais gagner une compréhension plus précise ou adéquate de la réalité économique exclusivement par l'observation et la collecte de données », car la compréhension de la réalité économique ne peut progresser que grâce à la construction de nouvelles notions/catégories/concepts/théories, ou par la correction des notions/catégories/concepts/théories existantes, *sur la base de l'observation et de la collecte de données.* Je suis d'accord avec le professeur Hodgson lorsque, suivant la sociologie des sciences, il dit que « la science est une activité sociale et son développement implique la génération, la scrutation et l'acceptation ou le rejet social des théories, des procédures et des normes. Par conséquent, la science ne peut jamais être 'neutre' dans le sens où elle est entièrement libre des préjugés et des préoccupations de la société et de la communauté scientifique » (Hodgson, 1988, 36).

---o0o---

Appliquons maintenant l'approche discursive constructiviste à la discipline économique elle-même en tant qu'activité de la communauté des économistes. Cette activité est réalisée dans le cadre de certaines règles qui sont liées à certaines croyances. Ces règles concernent les professeurs et les étudiants. Elles encadrent l'élaboration du curriculum et l'organisation des examens. Elles déterminent les procédures et les directions de recherche, ainsi que les critères d'acceptation des articles pour publication dans des revues professionnelles. Ces règles comprennent également des normes formelles et informelles du fonctionnement des organisations professionnelles d'économistes comme l'*American Economic Association*. Les règles ont été conçues et évaluées selon certaines croyances qui correspondaient à certaines réponses à des questions comme : Qu'est-ce que la recherche scientifique ? Quel est l'objectif de la recherche scientifique ? Quoi étudier ? Comment étudier ? Quelle forme devrait prendre le résultat d'une étude ? Les règles, croyances, valeurs, conventions, mythes, etc., « ce que tout le monde dans la communauté des économistes sait » sur le monde académique de la discipline économique, tout cela représente la connaissance institutionnelle de la profession des économistes. Les candidats à la profession d'économiste acquièrent la plupart de ces connaissances au cours de leurs études de doctorat. Si une personne devient membre de la profession et n'a pas ces connaissances ou refuse de les utiliser dans son comportement dans différentes situations, alors, même une fois acceptée dans la profession, elle sera tôt ou tard rejetée par la profession.

Je ne sais pas si quelqu'un s'est déjà demandé quelles sont les sources de la connaissance institutionnelle de la discipline économique moderne ?

Pour répondre à cette question, il est nécessaire de parcourir l'histoire de la discipline économique non seulement comme une histoire de la pensée mais aussi comme une histoire de la profession.

Nous verrons dans ce qui suit que :

1) l'institution de la discipline économique est née dans le cadre d'une autre institution, l'institution de l'université ;

2) la discipline économique actuelle (*economics*) est la continuation de la discipline « économie politique », qui à son tour avait ses origines dans la « philosophie morale et politique », et

3) l'institutionnalisation de la discipline économique (*economics*) a eu lieu juste après la révolution marginaliste qui était basée sur l'appropriation métaphorique de la structure analytique de la physique du milieu du 19ème siècle (voir Figure 3. ci-dessous).

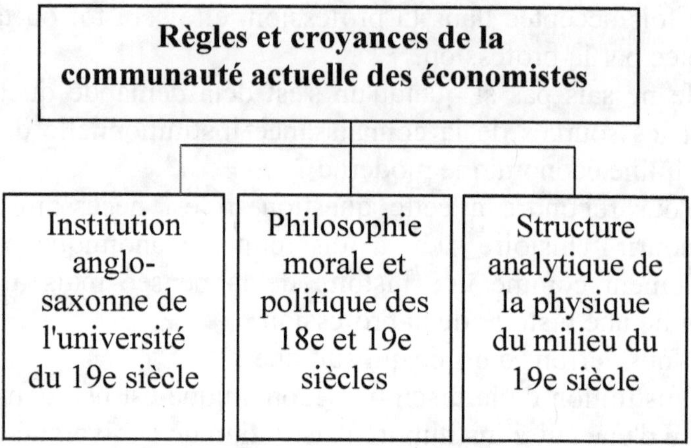

Fig. 3. *Sources de la connaissance institutionnelle de la communauté actuelle des économistes*

Institution anglo-saxonne de l'université du 19e siècle

Les institutions de la discipline économique sont apparues en Europe et aux États-Unis dans la seconde moitié du 19ème siècle. Elles sont nées à l'intérieur des institutions universitaires nationales. Les premières universités sont nées au 13ème siècle.

Cette naissance est à distinguer de la « naissance » de l'institution de la science au 17ème siècle qui a eu lieu en dehors de l'université. Cette dernière naissance peut être liée à la fondation en 1660 de la « Société Royale de Londres pour l'Amélioration des Connaissances Naturelles » (*Royal Society of London for the Improvement of Natural Knowledge*). Pendant plusieurs siècles, l'université n'a pratiqué aucune recherche mais c'était un établissement purement éducatif, subordonné à l'Église et à l'État, ayant pour tâche de former des ecclésiastiques et des fonctionnaires. Jusqu'au 18ème siècle, les universités dispensaient une éducation basée sur les anciens Grecs et Romains, ainsi que sur la Bible et les textes théologiques. « Les sciences naturelles ont été incorporées assez tard dans l'enseignement universitaire britannique, parfois pas avant les années 1880 » et « les mathématiques <...> ont régné tout au long du 19ème siècle à Cambridge en tant que composante fondamentale du prestigieux système d'examen tripos » (Fourcade, 2009, 149). Dans cette atmosphère intellectuelle, c'est le lien d'une discipline avec la méthode mathématique, et non avec la méthode expérimentale, qui a été le signe décisif du caractère véritablement « scientifique » de la discipline. Afin de « mériter » cette qualification, les économistes britanniques ont été orientés vers « l'élimination progressive de la plupart des éléments inductifs et historiques du noyau de l'économie politique, et l'ascendant concomitant de la méthode déductive » (Ibid.).

Aux États-Unis, la situation était similaire. L'Université Harvard fondée sous le nom de Harvard College en 1639 était au début un établissement d'enseignement congrégationaliste, qui formait des pasteurs puritains. « Le but de l'enseignement supérieur dans l'Amérique d'avant la guerre civile était d'enseigner la piété et la discipline. La grande majorité des enseignants était impliquée dans la prédication et le travail missionnaire <...> *Les premiers manuels d'économie américains étaient écrits par des ecclésiastiques, et une compréhension religieuse de l'activité économique était omniprésente* (mis en italique par VY). On pensait que le capitalisme et les lois de l'économie politique étaient en harmonie avec les lois de Dieu et compatibles avec le but supérieur de l'élévation morale » (Ibid., 64). « Après la guerre civile, l'alliance des fils des pasteurs et des enseignants de la philosophie morale avec les porte-paroles des intérêts commerciaux et industriels a continué. *Les membres de l'école dite cléricale des économistes académiques* [Mary Furner cite ici les noms] *travaillaient étroitement avec un groupe de puissants et riches hommes d'affaires* [Mary Furner cite ici encore les noms]. *Leur objectif commun était l'installation du système de la science économique américaine prônant le 'laissez-faire'* (mis en italique par VY) » (Furner, 1975, 37)[34]. A la fin du 19ème et au début du 20ème siècle, le contrôle extérieur par la communauté des hommes d'affaires de l'institutionnalisation de la profession d'économiste aux Etats-Unis fut très fort. Les attaques politiques sur les économistes progressistes comme le maître de John Commons, Richard Ely, « ont conduit ces derniers à restreindre leur activité académique sur des terrains intellectuels 'sécurisés' » (Fourcade, 2009, 79). A partir de cette époque, l'économie néo-classique, et surtout sous sa forme mathématique, était idéale pour servir un tel terrain. C'est la raison pour laquelle elle est devenue « une stratégie de recherche attractive pour les économistes américains, particulièrement pour les jeunes générations qui devaient se faire une position universitaire » (Ibid.). Les intérêts purement politiques et économiques qui étaient derrière ces attaques étaient camouflés par le discours fallacieux sur la nécessité de passer du plaidoyer (*advocacy*) à

[34] « Au milieu des années 1870, les économistes du laisser-faire avaient consolidé leur contrôle de la discipline dans les collèges. L'économie était devenue une science de la richesse et une justification utile pour les entrepreneurs qui récoltaient les fruits d'une économie en expansion. La reconnaissance en tant qu'économiste dépendait de la fidélité au système du laisser-faire, et non de la formation ou de la capacité scientifique démontrée <...> le laisser-faire était plus qu'un simple test d'orthodoxie économique. Il était utilisé pour décider si un homme était ou non un économiste (Furner, 1975, 39 – 40).

l'objectivité (Furner, 1975). Ce passage signifiait en réalité *le refus d'étudier objectivement la réalité* afin de résoudre certains problèmes socio-politico-économiques brûlants en faveur de *l'étude de constructions abstraites de mondes imaginaires* légitimant le statu quo de l'ordre social monétaire.

Durant les premières décennies du 20ème siècle aux Etats-Unis et en Grande Bretagne, l'institutionnalisation de la science économique étant achevée, et plusieurs générations d'étudiants étant passées par cette institution telle qu'elle avait été créée, le contrôle extérieur de la profession n'était plus désormais nécessaire (Morgan, Rutherford, 1998). Si l'économie institutionnelle originelle semblait parfaitement « scientifique » en 1922, à partir de 1947 (année de l'émergence du maccarthysme) elle n'était plus considérée incontestablement comme telle (Bateman, 1998, 48). Le financement sélectif de la recherche économique de la part des universités, du gouvernement, de la communauté des affaires et des fondations caritatives jouait également un rôle important pour la diminution graduelle des courants de la pensée économique différents de l'économie néo-classique et considérés comme dérangeants (Goodwin, 1998, 54, 78 – 79).

Philosophie morale et politique des 18e et 19e siècles

Afin de saisir la continuité entre l'économie politique et la philosophie morale, regardons le manuel « Principes de philosophie morale et politique » de William Paley (Paley, 1817). Ce dernier (né en 1743 et décédé en 1805) a enseigné au *Christ College* de Cambridge un cours sur le Nouveau Testament et un cours de philosophie morale qui ont ensuite constitué la base de son manuel en deux volumes. Il est surtout connu comme théologien pour son exposé de l'argument téléologique de l'existence de Dieu dans son œuvre « Théologie naturelle » (2018), qui compare Dieu à un horloger. Keynes a suggéré que Paley était « le premier des économistes de Cambridge » (Waterman, 2004, 116). Les « Principes de philosophie morale et politique » de Paley fut l'un des textes philosophiques les plus influents de la fin des Lumières en Grande-Bretagne. Il a été cité dans plusieurs débats parlementaires en Grande-Bretagne et au Congrès américain. Le livre est resté un manuel important à Cambridge jusqu'à l'époque victorienne. Ce manuel contient un raisonnement orienté pour justifier différents types de règles formelles et informelles en vigueur en Grande-Bretagne. Certaines parties du livre sont consacrées au domaine économique, par exemple la propriété et différents types de contrats de vente, de prêt de propriétés inconsommables, de contrats concernant le prêt de l'argent, de contrats de travail. D'autres parties concernent « l'exposition du devoir de soumission au gouvernement civil ». Dans l'ensemble, le livre peut être considéré comme une collection de justifications de l'ordre social existant. Beaucoup de ces justifications sont purement théologiques. Le manuel comporte une section spéciale intitulée « Devoirs Envers Dieu » et un chapitre traitant « Du devoir de l'obéissance civile, tel qu'il est établi dans les révélations chrétiennes ». Paley admet que tout le système de raisonnement dans le livre justifiant les différents types de règles suppose la réponse affirmative à la question : Y aura-t-il après cette vie une distribution de récompenses et de punitions ?

Adam Smith a suivi l'habitude intellectuelle de son temps de placer Dieu au centre de son système déductif. La différence avec Paley consiste en la substitution dans son livre « Richesse des nations » du mot « Dieu » par le mot « Nature ». Cette substitution a permis à Smith de présenter le monde social comme analogue au monde naturel avec ses « lois naturelles ». J'ai déjà mentionné précédemment la conclusion d'Antony Waterman selon laquelle les mots « nature » et « lois naturelles » jouent dans la « Richesse des nations » le même rôle que les mots « Dieu » et « Lois divines » jouaient dans les textes théologiques traditionnels.

Structure analytique de la physique du milieu du 19e siècle

En Grande-Bretagne au milieu du 19ème siècle, John Stuart Mill, agnostique, a transféré la légitimité de l'économie politique de la religion à la science. Il a caractérisé l'économie politique comme une science essentiellement abstraite et sa méthode comme une méthode a priori. Comme je l'ai déjà souligné précédemment, selon lui « il [l'économiste] raisonne et doit nécessairement raisonner à partir d'hypothèses, pas de faits » (Mill, 1994, 56). Pour lui, le modèle d'une science abstraite est la géométrie : « La géométrie suppose une définition arbitraire d'une ligne, 'celle qui a de la longueur mais pas de largeur'. De la même manière, l'économie politique suppose une définition arbitraire de l'homme » (Ibid.). Sur la base de cette méthodologie, Marshall a développé sa vision de l'économie sur la base de la « révolution marginaliste » de Stanley Jevons et Léon Walras en tant que « science », très similaire dans son approche à la philosophie morale et politique. Ce type de discipline économique était bien accueilli par les hommes d'affaires américains qui, à cette époque, remplaçaient de plus en plus les membres du clergé dans les conseils d'administration des collèges et des universités : « Les dirigeants d'université (présidents et conseils) favorisaient souvent [l'économie et les autres sciences sociales] comme des 'substituts laïques de la religion' et y voyaient une continuation des anciens cours de philosophie morale » (Fourcade, 2009, 66). Jevons et Walras ont pris l'utopie du capitalisme autorégulateur décrite dans les manuels d'économie politique de leur temps, et habillé cette utopie dans les vêtements mathématiques empruntés des manuels de thermodynamique qui venaient de paraître. En analysant le mystère de la « découverte » simultanée de l'économie néoclassique dans les années 1870 par ces deux dernières personnes[35], Philip Mirowski est venu à la conclusion que cette simultanéité est due au fait de l'infiltration de la *thermodynamique* dans les manuels dans les années 1860 (Mirowski, 1989, 217). Suivant Mirowski, ces deux personnes ont mécaniquement réinterprété les constructions mathématiques de cette physique en termes de biens, de prix et d'utilités. Mirowski exprime l'idée que la formulation de la théorie néoclassique dans les années 1870 était l'appropriation métaphorique systématique de la structure analytique de la physique du milieu du 19ème siècle. L'économie néoclassique est ainsi vue non comme une « découverte », mais comme *l'imposition arbitraire* sur la réalité sociale d'un modèle emprunté d'un domaine de connaissances étranger à celle-ci (Carlson, 1997). Paul Samuelson a poursuivi cette pratique métaphorique. Sa méthode de travail était la même : reproduire l'application des méthodes mathématiques en physique à l'économie. Samuelson n'était pas un physicien, mais il « connaissait des dizaines de mathématiciens et physiciens mondiaux de premier plan » et a reçu des « allusions essentielles » pour son travail de la part d'un thermodynamicien (Samuelson, Barnett, 2007, 155). Cette méthode de travail est une caricature de la méthode newtonienne : « La méthode signant la théorie économique de Samuelson, illustrée dans ses 'Fondements de l'analyse économique' (1947), semble suivre deux règles qui peuvent également

[35] Mirowski ne compte pas Menger parmi les fondateurs de l'économie néoclassique.

caractériser une grande partie de l'économie néoclassique depuis lors : Pour chaque problème économique, (1) réduire le nombre de variables et ne garder qu'un ensemble minimal de relations économiques simples ; et (2) si possible, le réécrire comme un problème d'optimisation sous contraintes » (Ibid., 144) ; « En modélisant ainsi les agents économiques, il espérait pouvoir prédire leur comportement de la même manière que les physiciens prédisaient le comportement des objets physiques » (Szenberg, Gottesman et Ramrattan, 2005, 21).

L'école économique allemande sous la direction de Schmoller a rompu totalement avec la méthodologie scholastique de la science économique en provenance de la philosophie morale et politique. La confrontation de la méthodologie de Schmoller, qui suivait les traditions des sciences naturelles, avec la science économique qui suivait la méthodologie de John S. Mill, était inévitable, et elle a pris la forme de la dispute des méthodes (*Methodenstreit*) entre lui et Karl Menger. Cette dispute a démarré avec la publication par Schmoller (1883) de l'article faisant la critique du livre méthodologique de Menger (1883). Dans cet article, il a indiqué les divergences de sa méthodologie avec celle de Menger. Sa méthodologie apportait des réponses différentes aux questions suivantes :

1. Qu'est-ce que la science économique doit étudier ?
2. Quels types de résultats la science économique doit-elle obtenir ?
3. De quelle façon ces résultats doivent-ils être obtenus ?
4. Quelle est la différence entre les recherches théoriques (fondamentales) et les recherches appliquées ?
5. Quelles sont les liaisons de la science économique avec les autres sciences sociales et humaines ?

Suivant Menger, il faut étudier l'échange entre les agents économiques qui composent l'économie nationale. Schmoller était convaincu que les institutions font le squelette du corps économique, et c'est pourquoi les économistes doivent étudier en premier lieu les règles et les croyances légitimant ces règles pour comprendre la réalité socio-économique. Le fondateur de l'école autrichienne pensait que ce sont les lois économiques universelles qui doivent être cherchées comme résultats de la recherche économique. Le leader de l'école historico-éthique allemande était sûr que l'économiste ne peut compter comprendre que des réalités particulières situées dans l'espace (pays) et dans le temps (époque), sans aucune prétention à l'universalité. Suivant Menger, l'économiste doit découvrir des lois universelles par la déduction, sur la base de constructions abstraites à partir de suppositions simplificatrices. La méthodologie de Schmoller préconisait au contraire que la compréhension de la réalité économique ne peut être obtenue qu'à partir des descriptions détaillées historiques du fonctionnement des organisations et des institutions économiques, de l'ensemble des règles que les acteurs suivent, ainsi que des systèmes religieux (idéologiques) dans lesquels les acteurs croient. Ces descriptions doivent servir de base pour l'analyse menant à la compréhension des phénomènes économiques. Menger estimait comme inadmissible le mélange des recherches théoriques et appliquées. Les recherches de Schmoller avaient une orientation très pratique pour la réalisation des réformes sociales en Allemagne. Enfin, la science économique de Menger était totalement autosuffisante : toutes les énonciations à propos de l'homme, des groupes et de la société étaient élaborées (postulées) à l'intérieur de la science économique, sans le recours aux autres sciences humaines et sociales. Schmoller a critiqué Menger pour le fait que ce dernier ne connaissait apparemment pas les grands succès de son temps dans les domaines de la psychologie, du droit, de l'éthique qui avaient déjà tant contribués à la découverte des mystères de la vie mentale et des phénomènes psychiques de masse, qu'il lui paraissait impossible pour les économistes de les ignorer. Schmoller distinguait surtout la psychologie et l'anthropologie comme les bases de toutes les autres sciences humaines. Selon lui, c'est sur la base de la psychologie et l'anthropologie, à travers les sciences de la culture et de l'organisation sociale, que l'on peut résoudre le problème de la compréhension de la liaison historique des états sociaux successifs. La dispute des méthodes à l'époque de l'institutionnalisation de la discipline économique concernait la question principale de cette institutionnalisation : quelle méthodologie (quelles règles de recherche) sera mise à la base de cette institution ? Nous pouvons dire à l'heure actuelle que Gustav Schmoller a suivi dans ses recherches trois exigences pour la recherche économique : les institutions ont leur importance, les idées ont leur importance et les détails ont également leur importance *(institutions matter, ideas matter and details matter*[36]*)*.

La dispute des méthodes entre Gustav Schmoller et Carl Menger peut être considérée comme un renouvellement d'une dispute similaire qui a eu lieu plus de deux siècles auparavant entre l'un des créateurs de la « Société royale de Londres pour l'amélioration des

[36] Douglas North (2005) a emprunté sans le savoir à Schmoller les deux premières exigences, et malheureusement il n'est pas venu à la troisième. Pourtant, cette dernière exigence est vitale pour la réussite de la recherche socio-économique (dans le sens de la compréhension et de la prévision). A mon avis, les recherches de toutes les personnes qui ont réussi à prévoir l'arrivée de la crise de 2007-2008 ont répondu à toutes ces trois exigences.

connaissances naturelles », Robert Boyle, et Thomas Hobbes. Les activités de *Verein für Sozialpolitik* et de la *Royal Society* étaient en plusieurs aspects similaires : elles consistaient en la collecte des données dans le cadre de situations expérimentales, en l'élaboration de rapports détaillés et en l'évaluation collective des résultats obtenus (Shapin, Schaffer, 1985 ; Grimmer-Solem, 2003). Boyle insistait sur l'importance des témoignages honnêtes à propos des expériences dans le processus de la recherche scientifique et sur l'absence d'idées préconçues, et spécialement l'absence d'apports théoriques dans l'organisation des expérimentations (Shapin, Schaffer, 1985, 68). Il est peu connu maintenant que Hobbes n'était pas seulement un philosophe politique mais également un physicien (*natural philosopher*). Il critiquait le mode expérimental de production de la connaissance et insistait sur les méthodes rationalistes de l'obtention des connaissances. Menger avait la même opinion à ce sujet. Les deux procédaient à partir des définitions par la voie des déductions pour arriver aux conclusions. Pour Hobbes et Menger, c'est la géométrie qui servait de modèle pour la science, laquelle fournissait une connaissance irréfutable et incontestable (Ibid., 100). Au contraire, la *Royal Society* se proclamait elle-même comme « l'union des yeux et des mains » (Ibid., 78). Hobbes pensait que la connaissance des faits pouvait être utile dans l'obtention des connaissances, mais cela ne donnait pas la certitude et le consentement dans la communauté des savants (Ibid., 102). Boyle a gagné la dispute et Schmoller a perdu. La question se pose de savoir pourquoi ? La devise de la *Royal Society*, *Nullius in Verba* (la démonstration par les faits et non pas par les paroles), est devenue la règle de base de l'institution des sciences naturelles, le plus important élément de la culture scientifique. Dès le départ au 17ème siècle, l'activité des chercheurs qui suivaient cette règle n'était pas en contradiction avec les intérêts des groupes détenant le pouvoir, et plus tard, ces groupes se sont même intéressés à l'application de cette règle compte tenu des résultats pratiques profitables obtenus et escomptés. Par contre, les groupes au pouvoir au 19ème siècle (à cette époque c'étaient déjà les hommes d'affaires) s'opposaient à l'application de l'approche expérimentale dans la science économique, car ils voyaient pour eux dans cette application le danger de fournir, sur la base de cette recherche, des éléments supplémentaires pour la critique du capitalisme contemporain. A contrario, ils étaient très intéressés dans la production et l'enseignement de constructions théoriques abstraites qui justifiaient le laissez-faire (Coats, 1993). Ce type de constructions correspondait bien aux traditions scholastiques des universités. Dans le cadre de ces traditions, les mathématiques étaient considérées – comme indiqué précédemment - comme le sommet de l'approche scientifique. La croyance des mathématiciens la plus néfaste pour les économistes qui l'ont absorbée, c'est que les constructions théoriques ne doivent pas nécessairement être liées avec la réalité. Ce type de mathématiques a émergé sous l'influence d'un groupe de mathématiciens français qui publiaient leurs livres sous le pseudonyme de Nicolas Bourbaki. Ils ont essayé de présenter l'ensemble des mathématiques sur la base de la méthode axiomatique qu'ils comprenaient de la manière suivante : « La méthode axiomatique n'est à proprement parler pas autre chose que cet art de rédiger des textes dont la formalisation est facile à concevoir. Ce n'est pas là une invention nouvelle ; mais son emploi systématique comme instrument de découverte est l'un des traits originaux de la mathématique contemporaine. Peu importe en effet, s'il s'agit d'écrire ou de lire un texte formalisé, qu'on attache aux mots ou signes de ce texte telle ou telle signification, ou même qu'on ne leur en attache aucune ; seule importe l'observation correcte des règles de la syntaxe » (Bourbaki, 1970, 8). E. Roy Weintraub et Philip Mirowski ont brillamment montré « comment l'école mathématique de Bourbaki a rapidement migré vers l'économie mathématique néoclassique » et a influencé la construction de « l'imposant édifice de la théorie de l'équilibre général walrassien » comme « repère de la grande théorie économique pour les quatre prochaine décennies » (Weintraub, Mirowski, 1994, 246). C'est Gérard Debreu, formé en France par un membre du groupe Bourbaki, qui fut « le germe transocéanique » des mathématiques appliquées inspirées du bourbakisme « qui a pris racine et a fleuri dans l'environnement américain de l'après-guerre » (Ibid., 248). Le « terreau » de ce type de discipline économique fut l'institut de recherche *Cowles Commission*, dont beaucoup de collaborateurs étaient issus de la physique (Ibid., 249). Suivant Weintraub et Mirowski, la pureté de l'approche axiomatique et l'isolement de cette forme de mathématiques bourbakiste des autres disciplines ont provoqué la colère de nombreux spécialistes des sciences naturelles. Bourbaki était devenu le synonyme du gouffre qui s'était creusé entre les mathématiques et ses applications, entre « rigueur » et exigences d'un problème concret (Ibid., 248). Selon ces auteurs, Debreu avait l'intention de créer sa *Théorie de la valeur* sur le modèle direct de la *Théorie des ensembles* de Bourbaki, et « dans l'interprétation de Debreu, la théorie de l'équilibre général perd ainsi son statut de 'modèle' pour devenir une 'structure formelle' auto-suffisante. L'objectif n'était plus de représenter l'économie, quoi que cela puisse signifier, mais plutôt de codifier l'essence même de cette entité insaisissable, le système walrasien » (Ibid., 265). Le Comité du Prix Nobel en Economie a annoncé en 1983 dans son communiqué de presse que

Gérard Debreu « avait prouvé » que « le marché fonctionne automatiquement ». Mais après la déclaration de ce comité et les multiples demandes d'explications qui ont suivi celle-ci, Debreu « a insisté sur la stricte séparation de la forme mathématique et du contenu économique, en s'excusant d'une voix coupable : 'Désolé, je ne voulais pas dire cela' » (Düppe, 2010, 30). De cette façon, il pensait être libéré de toute suspicion idéologique (Ibid., 25-30).

Examinons maintenant les sources de la connaissance institutionnelle de l'institutionnalisme originel américain.

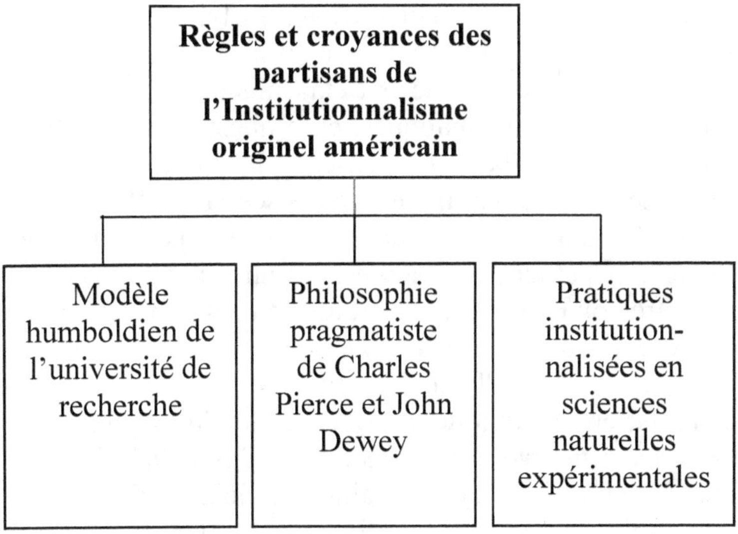

Fig. 4. *Sources de la connaissance institutionnelle de l'Institutionnalisme originel américain*

Modèle humboldien de l'université de recherche

Dans son manuscrit « Sur l'organisation interne et externe des établissements scientifiques supérieurs à Berlin (1809 ou 1810) », Humboldt a insisté sur l'enseignement des sciences à l'université non pas comme la transmission des connaissances accomplies, mais comme un processus d'obtention de nouvelles connaissances effectué ensemble par les professeurs et les étudiants (Humboldt, 1979).

L'un des plus célèbres économistes qui ont essayé de transférer le paradigme allemand de la science économique sur le sol américain, était le professeur et plus tard chef de John Commons, Richard Ely, précédemment évoqué. En 1876, Ely termine ses trois années d'études à Columbia College, où l'accent était mis sur les classiques antiques et les mathématiques, et la question de la liberté académique - la liberté de penser et la liberté d'exprimer ses pensées - ne s'est même pas posée (Ely, 1938, 124). Un an plus tard, il part pour trois ans en Allemagne pour effectuer des études supérieures. A l'université de Halle, il rencontre son compatriote et futur ami, Simon Patten, qui le présente à son professeur, Johannes Conrad, co-organisateur de l'Union pour la politique sociale schmollérienne et éditeur en chef de l'influente revue *Jahrbücher für Nationalökonomie und Statistik.* Hésitant dans le choix de la spécialité, le jeune Ely préfère l'économie à la philosophie sous l'influence des conférences de Conrad. En 1878, il se rend à Heidelberg pour faire un doctorat sous la direction de Karl Knies, et il obtient son doctorat en un an. Comme il se souviendra plus tard, il a activement utilisé les livres et les résumés des conférences de Knies dans ses activités d'enseignant en Amérique. « J'ai appris de Knies et d'autres économistes allemands une approche fondamentalement scientifique dans laquelle la relativité et l'évolution jouent un rôle important » (Ibid., 58). Cette approche rejette l'affirmation que la même politique est bonne en tout temps et dans tous les pays, et se dissocie ainsi complètement de l'économie dogmatique anglaise (Ibid.). Ely, sous l'influence de Knies, a également compris que le centre de toute étude économique devrait être l'homme et non les lois mécanistes abstraites (Rader, 1966, 13).

Richard Ely a transféré à John Commons la méthode de l'enseignement aux étudiants qu'il a apprise en Allemagne. Au lieu de répéter ce qui a été dit dans les conférences et les manuels scolaires, les professeurs d'universités allemandes considéraient les étudiants comme leurs collègues à la recherche de nouvelles connaissances. « Dans ce sens, ils sont très différents des professeurs américains <…> C'est ce qui fait de l'enseignement en Allemagne un véritable plaisir pour tous les vrais étudiants. Ici et seulement ici, vous apprendrez à faire un travail [de recherche] indépendant et vraiment scientifique », se souvient Ely (Rader, 1966, 13). Commons, tout en donnant des conférences, préférait le travail individuel avec les étudiants, ainsi que les travaux en petits groupes. Et ces travaux consistaient en ce que l'enseignant et les étudiants analysaient les faits, en les mettant dans un certain ordre (*marshalling*), ce qui permettait de progresser dans la compréhension des phénomènes étudiés. Commons a lui-même mené des recherches historiques et sur le terrain, et il y a activement impliqué ses étudiants. Ainsi, huit de ses étudiants et doctorants ont participé dans la préparation d'une étude documentaire en quatre volumes sur l'histoire du travail aux États-Unis (Commons et al., 1966 ; Rutherford 2006).

Philosophie pragmatiste de Charles Pierce et John Dewey

John Commons s'appuyait sur la philosophie du pragmatisme de Charles Peirce dont le point de départ était la négation du cartésianisme. Un nombre assez important d'auteurs ont analysé l'origine de l'institutionnalisme de Commons dans la philosophie pragmatique (Ramstad, 1986 ; Mirowski, 1987 ; Bush, 1993 ; Bazolli, 1999, 55 - 87 ; Yefimov, 2003, 12 - 32 ; Bazzoli, Dutraive, 2006 ; Bazzoli, Dutraive, 2010 ; Yefimov, 2015a ; Yefimov, 2016b). Voici comment l'un d'eux, Paul Bush, caractérise les racines cartésiennes de la pensée néoclassique contemporaine : « Toutes les généralisations de l'économie étaient fondées sur la théorie des lois naturelles. Bien que beaucoup de rhétorique des lois naturelles ait disparu du discours de la pensée néoclassique contemporaine, l'épistémologie fondée sur le concept de ces lois reste intacte. Les dualismes cartésiens qui séparent la connaissance (*knowing*) de son application (*doing*), le sujet de l'objet, le fait de la valeur, et la théorie de la pratique, entre autres, continuent de servir de fondement épistémologique à la pensée néoclassique » (Bush, 1993, 65). Laure Bazzoli estime, que « Commons, le 'théoricien pragmatiste', qui accepte la conception peircienne de la science, se démarque totalement du 'théoricien pur' qui s'inscrit dans la conception cartésienne et newtonienne de la science. Alors que le premier vise à élaborer une abstraction réaliste à partir d'une théorie construite par une communauté interprétante en interaction avec l'évolution de l'objet de l'enquête, le second construit des théories abstraites sur la base de principes donnés et d'un raisonnement déductif fonctionnant sur lui-même à partir d'une axiomatisation mathématique qui impose ses qualités à l'objet de l'analyse » (Bazzoli, 1999, 69). Elle souligne que « Commons trouve chez Peirce une conception incompatible avec celle des économistes qui font preuve, selon lui, d'une confiance absolue dans la logique déductive en sacrifiant l'observation, l'induction ou l'action sur l'autel de la prédominance cartésienne de la 'pensée pure' » (Ibid., 67).

Laure Bazzoli et Véronique Dutraive indiquent avec raison que « le pragmatisme en philosophie *implique* l'institutionnalisme en économie » (Bazzoli, Dutraive, 2006, 124). On considère parfois le pragmatisme de Charles Pierce et de John Dewey comme philosophie exclusivement américaine faisant partie de la culture de ce pays. Gérard Deledalle ne partage pas cet avis : « L'accueil fait au pragmatisme en Europe nous amène à poser la question du caractère américain du pragmatisme. Ne serait-il pas plutôt la nouvelle philosophie universelle ? Universelle, parce que, expérimentale et démocratique, elle s'est substituée à l'impérialisme de la réalité et d'une vérité supposées absolues, d'une métaphysique et d'une étique imposées par le pouvoir, qu'il fut d'Etat ou d'Eglise ? Universelle, parce qu'elle est porteuse d'espoir et qu'elle fournit les moyens intellectuel et matériel de le réaliser ? » (Deledalle, 1995).

Le nœud du problème culturel de la transition envers la version alternative de la discipline économique qui continuerait la tradition de John Commons consiste dans le fait que la communauté des économistes, consciemment ou inconsciemment, est imprégnée par le cartésianisme. Pour que cette transition ait lieu, il faut que les membres de cette communauté passent vers la philosophie contemporaine des sciences, à l'origine de laquelle se trouve la philosophie pragmatiste. Le succès de cette transition dépend de l'assimilation par la communauté des économistes des idées fondamentales de cette philosophie pragmatiste, et des concepts de la philosophie contemporaine développés sur la base de celle-ci. Cette philosophie contemporaine est également censée donner aux économistes des orientations normatives. On peut se référer par exemple aux travaux de Bruno Latour sur le sujet dont nous parlerons plus bas.

Pour Mirowski, les traits principaux du cartésianisme sont les suivants : 1) le processus de pensée dans la science est impersonnel, et le contexte de découverte est totalement séparé du contexte de justification ; 2) le processus de recherche consiste en déduction et induction ; l'analyse d'induction fait face aux entraves de l'absence de la logique unifiée d'induction ; 3) la logique est interprétée comme signifiant l'axiomatisation mathématique ; 4) la science n'a pas besoin de l'histoire car elle se reconstitue perpétuellement ; 5) le rôle de la philosophie est de prescrire et de défendre les bonnes règles de la méthode scientifique qui peuvent garantir la validité du travail scientifique ; 6) « la séparation de l'esprit et du corps impose que nous connaissons notre propre pensée mieux que nous pouvons connaître le monde. C'est pourquoi toutes les vérifications sont l'apaisement du doute personnel. Cela se réalise par le biais de contacts personnels répétés avec un monde extérieur stable, indépendamment de toute médiation par d'autres ainsi qu'indépendamment des signes utilisés pour exprimer une telle connaissance ; 7) la connaissance, une fois atteinte, est transmise intacte aux autres chercheurs. La connaissance est entièrement cumulative, c'est l'accumulation des recherches individuelles passées » (Mirowski, 1988, 111 - 112). Je pense que beaucoup d'économistes peuvent reconnaître facilement dans cette description leur vision de la science. Mirowski indique qu'a contrario, suivant le pragmatisme, « la science est avant tout un processus d'enquête menée par la communauté auto-identifiée » des chercheurs, « la science ne se conforme à aucun ensemble de règles » de recherche, et « compte tenu du fait qu'il n'y a pas de règles impersonnelles infaillibles de la méthode scientifique, les décisions concernant la validité des énoncés scientifiques résident dans la communauté de recherche », et, de cette façon, « la communauté de recherche est l'unité épistémologique de base » (Ibid., 121).

Commons suivait le pragmatisme de Pierce et celui de Dewey. Le premier était sa méthode de recherche, et le second était sa vision des comportements des acteurs. Il écrivait : « nous suivons au plus près le pragmatisme social de Dewey ; tandis que dans nos méthodes d'investigation nous suivons le pragmatisme de Pierce. L'un est un pragmatisme scientifique – une méthode d'investigation -, l'autre est un pragmatisme des êtres humains, sujet de la science économique » (Commons, 1990, 150 - 151). C'est Dewey qui a indiqué que la compréhension du comportement des êtres humain doit être basée sur la révélation de leurs habitudes socialement construites (Dewey, 1922).

Pratiques institutionnalisées en sciences naturelles expérimentales

Les partisans de l'institutionnalisme originel américain suivaient les règles et partageaient les croyances des pratiques en sciences naturelles expérimentales. Bruno Latour a étudié profondément les pratiques réelles des chercheurs en sciences naturelles. C'est le contact direct avec l'objet d'étude qui est primordial pour ces pratiques. Pour lui, l'objectivité de la recherche scientifique provient non pas du contrôle, de l'impartialité ou du désintéressement des chercheurs, mais d'une organisation de la situation expérimentale de telle sorte que les objets d'étude soient capables de « contester » ce qui est dit par les chercheurs à leur sujet (Latour, 2000, 114). *C'est cette résistance des objets d'étude aux chercheurs qui est la source de la compréhension* des phénomènes étudiés. Par exemple, les prédécesseurs de Louis Pasteur pensaient que la fermentation était soit un phénomène chimique de nature purement catalytique, soit le résultat d'une décomposition d'organismes vivants. Pasteur, sur la base de l'interaction avec son objet d'étude, la levure, a vu que celle-ci résistait à ces idées. Sur la base de son contact direct avec la levure, il est venu à la conclusion que « c'est en tant qu'être vivant que la levure agit, et non en tant que matière organique en décomposition ». L'interaction avec l'objet d'étude n'est *pas forcément orientée vers la vérification ou la réfutation d'hypothèses, mais vers la compréhension* des propriétés de cet objet. Cette compréhension peut arriver parfois par hasard, comme résultat du maniement de cet objet. Pour reprendre le cas de Pasteur, ses collaborateurs et lui ont découvert que les poules auxquelles on avait inoculé des cultures vieillies du microbe du choléra des poules, non seulement ne mouraient pas mais résistaient à de nouvelles infections – ce fut la découverte d'un vaccin. Latour critique les méthodologies des sciences sociales qui ignorent ce plus important trait de la recherche scientifique[37]. Dans ses recommandations aux chercheurs en sciences sociales, il

[37] « Malheureusement, bien que cela ait le goût et l'odeur de la science dure, ces 'méthodologies scientifiques' tout terrain sont une imposture et une imitation bon marché pour une raison qui devient claire si nous revenons à la définition de l'objectivité, comme ce qui permet à une entité de s'opposer à ce qui en est dit. Si nous perdons l'influence de l'objet dans ce qui en est dit, comme les quantitativistes sont si fiers de le dire, nous perdons aussi l'objectivité ! » (Latour, 2000, 116). Cette critique peut être appliquée à la méthode expérimentale d'Esther Duflo (Duflo, 2009).

insiste sur la prise en compte de ce trait central[38]. Ce trait principal des sciences naturelles – *l'organisation de la résistance des objets d'études aux chercheurs et l'obtention des connaissances à propos de ces objets à partir de cette résistance* – est et a toujours été inaliénable dès leur naissance. Cette organisation était toujours le noyau de la culture des communautés des chercheurs engagés dans les sciences naturelles. Ce n'est pas le cas pour les communautés des économistes, d'où proviennent leurs échecs de la compréhension et de la prévision des phénomènes économiques.

---oOo---

Le livre de Malcolm Rutherford « Le Mouvement institutionnaliste en économie américaine, 1918-1947 » (Rutherford, 2011b) a comme sous-titre « Science et contrôle social ». Nous avons vu auparavant que la recherche de l'école de John Commons se basait sur l'étude des discours ; les chercheurs étudiaient les discours des acteurs en prenant un contact verbal (discursif) direct avec eux ; ils étudiaient également des textes, tels que différents types de règlements. Dans ses livres *Economie institutionnelle* (1934) et *Economie de l'action collective* (1950), on trouve des idées normatives concernant la vie économique dans lesquelles on voit bien que Commons est clairement en faveur d'une économie dans laquelle les

---

[38] « Si les scientifiques sociaux voulaient devenir objectifs, il faudrait qu'ils trouvent la situation très rare, coûteuse, locale, miraculeuse, où ils peuvent rendre leur sujet d'étude le plus possible capable de s'opposer à ce qui se dit à leur sujet, d'être le plus désobéissant possible au protocole, et d'être le plus capable de soulever leurs propres questions dans leurs propres termes et non dans ceux des scientifiques dont ils n'ont pas à partager les intérêts ! Alors, les humains commenceraient à se comporter entre les mains des spécialistes des sciences sociales de manière aussi intéressante que les objets naturels entre les mains des spécialistes des sciences naturelles » (Latour, 2000, 115).

décisions ne sont pas imposées par les forts, mais sont le résultat de négociations de bonne foi. Je propose d'appeler la version de la discipline économique, qui inclut cette philosophie ainsi que les pratiques de recherche fondées sur les méthodes qualitatives orientées vers l'étude des discours des acteurs, *l'économie discursive.*

John Commons était imprégné par les idées démocratiques de John Dewey qui peuvent être résumées par la citation suivante : « Tout gouvernement par les experts dans lequel les masses n'ont pas la possibilité d'informer les experts sur leurs besoins ne peut être autre chose qu'une oligarchie administrée en vue des intérêts de quelques-uns <…> En d'autres termes, le besoin essentiel est l'amélioration des méthodes et des conditions du débat, de la discussion et de la persuasion. Ceci est *le problème du public*. Nous avons affirmé que cette amélioration dépend essentiellement de la libération et du perfectionnement des processus d'enquête et de la dissémination de leurs conclusions. Il est vrai que l'enquête est un travail qui incombe aux experts. Leur qualité d'expert ne se manifeste toutefois pas dans l'élaboration et l'exécution des mesures politiques, mais dans le fait de découvrir et de faire connaître les faits dont les premières dépendent <…> Il n'est pas nécessaire que la masse dispose de la connaissance et de l'habilité nécessaire pour mener les investigations requises ; ce qui est requis est qu'elle ait l'aptitude de juger la portée de la connaissance fournie par d'autres sur les préoccupations communes » (Dewey, 2010, 311, 312).

Laure Bazzoli et Véronique Dutraive ont trouvé que John Commons a exprimé ces mêmes idées concernant la vie économique : « Pour Commons, l'idée d'un expert neutre porteur d'un intérêt général abstrait est un leurre dangereux car cela revient pour lui à favoriser la classe dominante, à ignorer les conflits et les inégalités, et à substituer les experts au peuple dans les processus de régulation » (Bazzoli, Dutraive, 2010). Elles invoquent les paroles suivantes de Commons : « L'outsider – l'intellectuel ou le politicien – ne peut jamais atteindre la raisonnabilité parce qu'il ne peut jamais savoir par expérience tous les faits qui doivent être pris en compte pour définir une règle d'action <…>. La place pertinente de l'expert est celui de l'*agent* et non du *principal* <…>. Si le principal abdique et qu'un gouvernement d'experts prend sa place, le résultat n'est pas moins arbitraire et coercitif que dans toute autre forme d'autocratie. Cela peut être qualifié de 'scientifique', mais c'est dissimuler au nom de la science l'ignorance des faits <…>. Seul le principal, c'est-à-dire les intérêts en question, doit décider » (Commons, 1919, 176-177).

Une condition nécessaire pour que la société abandonne l'ordre social monétaire est la réforme radicale de la profession d'économiste académique. David Colander, Richard P. F. Holt et J. Barkley Rosser, Jr. ont lancé le mythe du prétendu visage changeant de la discipline économique (*The Changing Face of Economics*). Ils évoquent les directions suivantes dans le travail des économistes, qui à leur avis définissent ce nouveau visage : *behavioral economics, agent-based modeling, evolutionary game theory, and experimental economics*[39]. Ariel Rubinstein, un économiste théoricien bien connu qui réfléchit sur sa profession, écrit ce qui suit en ce qui concerne l'économie comportementale : « Pour moi, la discipline économique est un ensemble d'idées et de conventions avec lesquelles les économistes sont d'accord et sur lesquelles ils basent leur raisonnement. La discipline économique est donc une culture définie. L'économie comportementale représente la transformation de cette culture. Néanmoins, ses méthodes sont à peu près

[39] Les appellations anglaises ne sont pas volontairement traduites.

les mêmes que celles introduites dans la discipline économique par la théorie des jeux. Au centre de la plupart des modèles d'économie comportementale, les mêmes agents maximisent les préférences sur l'espace des conséquences, et la solution recherchée consiste dans la plupart des cas à utiliser des concepts d'équilibre standard » (Rubinstein, 2006, 246). Quelque chose de similaire peut être dite à propos des trois autres directions nommées.

La partie la plus importante du mouvement visant à l'abandon de l'ordre social monétaire devrait être la réforme de l'enseignement économique. À mon avis, il est nécessaire de faire les changements institutionnels suivants dans l'enseignement économique :

- Changer l'image des sciences en général et des sciences économiques en particulier dans l'enseignement aux jeunes dès le Secondaire. Abandonner l'image aristotélicienne de la science au profit d'un nouveau modèle constructiviste ;
- Changer les règles de recrutement dans la profession, en les orientant vers l'image d'un scientifique-expérimentateur-chercheur, et non d'un mathématicien/philosophe. À cet égard, le rôle des mathématiques aux différents stades de sélection devrait être réduit, et le rôle des sciences expérimentales devrait être accru ;
- Pour que la discipline économique remplisse son rôle social de science, et pas seulement de philosophie, il est nécessaire d'accorder l'éducation économique non pas à l'enseignement de théories, actuellement pour la plupart purement scolastiques, mais à la connaissance des réalités socio-politiques et économiques. La méthodologie constructiviste et les méthodes de recherche connexes devraient être au centre du processus d'enseignement ;
- Les cours ne devraient jouer qu'un rôle d'introduction et d'orientation, et l'essentiel des activités en classe

devraient se dérouler sous forme de séminaires et de travaux dirigés. Lors des séminaires, les étudiants seraient encouragés à ne pas raconter ce qu'ils ont entendu dans des cours magistraux et lu dans des livres, mais soit à prendre la parole dans des débats sur une question particulière, soit à participer à l'analyse de situations spécifiques (études de cas). Ces dernières en Licence devraient être principalement de nature purement éducatives, et en Master il s'agirait d'études de cas visant la recherche, dans lequel l'enseignant implique les étudiants dans le processus de sa propre recherche ;

- Une direction importante de l'enseignement reçu dans les facultés d'économie des universités devrait être d'apporter aux étudiants des connaissances sur la structure institutionnelle de l'économie et du droit économique dans le passé et le présent. L'histoire économique devrait être étudiée principalement comme une évolution institutionnelle, et l'histoire de la pensée économique devrait être étudiée, d'une part comme accompagnant cette évolution et, d'autre part, comme l'histoire institutionnelle de la discipline économique elle-même ;

- Il y a enfin besoin de changer les pratiques institutionnelles et discursives concernant la liberté académique. *Un enseignant-chercheur doit être guidé non seulement par sa communauté scientifique, mais surtout par les besoins de la société dans laquelle il vit. Le chercheur doit être socialement engagé et non socialement indifférent. Le choix des domaines de recherche ne doit pas être déterminé par ce que fait la majorité ou les membres influents de la communauté académique, mais il doit être directement lié à la nécessité de résoudre les problèmes brûlants de la société. L'évaluation des résultats de la recherche doit être basée sur la contribution qu'ils apportent à la solution de ces problèmes.*

6. Robert Shiller depuis sa thèse « *Rational Expectations and The Term Structure of Interest Rates* » jusqu'à la 3ème édition de son livre « *Irrational Exuberance* »

Robert Shiller, professeur à l'Université de Yale, a réussi à prévoir la crise de 2007 - 2009 : ce ne fut pas grâce à son appartenance à la communauté des économistes universitaires, mais plutôt en dépit de cela. Voyons comment cela s'est-il passé.

Sa thèse intitulée *Rational Expectations and The Term Structure of Interest Rates* (« Attentes rationnelles et structure temporelle des taux d'intérêt »), qu'il a soutenue en 1972, a été entièrement rédigée conformément aux canons en vigueur au sein de la communauté des économistes universitaires, bien que, comme Shiller l'admet lui-même, il « n'avait pas une affection complète pour cette théorie des attentes rationnelles. C'était quelque chose sur lequel il fallait travailler à ce moment-là. Je ne croyais pas pleinement que les gens pouvaient être aussi calculateurs dans leurs attentes » (Samuelson, Barnett, 2007, 232). Apparemment, « c'était quelque chose sur lequel il fallait travailler » parce que cela permettait de soutenir la thèse et d'accéder à la profession. Pourtant, il a été impressionné par la science fondée sur des observations minutieuses et a constaté qu'« il existe de nombreuses façons dont les analyses économétriques peuvent conduire à des résultats erronés » (Ibid., 235). Ces aspirations et ces doutes, la curiosité concernant la réalité économique, ainsi qu'un certain événement dans sa vie personnelle, conduisent Shiller vers la méthodologie discursive. A propos de cet évènement, il raconte : « J'ai rencontré Ginny en 1974. Peu de temps après notre mariage, elle s'est inscrite à un doctorat en psychologie à l'Université du Delaware, non loin de l'Université de

Pennsylvanie, où j'enseignais à l'époque. Nous vivions à Newark, dans le Delaware, et je me rendais à Philadelphie. Donc, le jour, j'étais professeur d'économie, mais le soir, je vivais parmi toute une communauté de jeunes psychologues. Certaines de leurs pensées m'ont marqué » (Ibid., 239). Ainsi, par l'intermédiaire de son épouse et de ses collègues, Shiller a touché la psychologie qui porte attention à l'étude du comportement réel des personnes sur la base de contacts directs avec elles. Voici comment Shiller lui-même caractérise l'influence de sa femme sur son activité professionnelle : « Au cours de toutes ces années, j'ai beaucoup parlé avec Ginny de mon travail et de son travail. Elle a eu une grande influence sur moi. Elle l'a toujours » (Ibid.). En bref, la communication familiale a permis à Shiller de dépasser le discours économique traditionnel.

Bien que Shiller ait continué à travailler longtemps dans le cadre de la méthodologie traditionnelle, à la fin des années 1980 il commence à mener des enquêtes auprès des acteurs, en particulier en 1987, lors de la crise du marché des valeurs mobilières. Shiller témoigne à ce sujet : « C'était probablement en partie l'influence de Ginny. Elle m'a soutenu dans la poursuite d'une ligne de recherche qui n'avait guère de sens du point de vue de la carrière, mais à laquelle je (ou, devrais-je dire, nous) croyions vraiment. Je me souviens avoir lu *Essays in Positive Economics* [1953] de Milton Friedman, dans lesquels il conteste la pratique de recherche qui s'appuie sur ce que les gens disent lorsqu'ils expliquent leurs motivations pour leurs actions économiques. Il y a même une tradition chez les psychologues contre cette pratique. Il y a évidemment une tradition chez eux de ne pas demander aux gens 'Pourquoi avez-vous fait cela?' et de ne pas prendre pour argent comptant ce qu'ils disent. Ce n'est pas correct ni en économie ni en psychologie. Mais, d'un autre côté, les économistes tels que Milton Friedman semblaient supposer que c'était la seule chose que l'on pouvait faire avec des enquêtes [c'est-à-dire ne pas prendre pour argent comptant ce que les gens disent], et conseillaient plutôt que les économistes s'appuient exclusivement sur des modèles d'optimisation formels et qu'ils testent ces modèles statistiquement en utilisant les données sur les prix et les quantités. Mais il me semblait que les économistes semblaient souvent vivre dans un monde irréaliste. Souvent, il y a des explications très simples pour expliquer pourquoi les gens font ce qu'ils font, et les économistes les ignorent. Nous devrions demander aux gens ce qu'ils font, au moins pour découvrir le centre de leur attention et les suppositions qu'ils font, bien que leurs réponses ne doivent pas toujours être prises pour argent comptant. Les économistes imputent souvent des pensées aux gens, implicitement dans leurs modèles d'optimisation, qui ne sont pas du tout vraiment dans l'esprit des gens, me semblait-il. Donc, j'ai pensé que ce serait une recherche intéressante de découvrir ce que les gens disent qu'ils pensent. Je considérais cela non pas comme une recherche qui optimise ma carrière. Mais, j'étais déjà titularisé quand j'ai commencé cette recherche, et je me suis dit, c'est à cela que sert la titularisation. Je ne dois pas faire les mêmes choses que les autres. Il y a eu une grosse chute boursière les 11 et 12 septembre 1986, et immédiatement après j'ai fait un petit questionnaire, en format carte postale, demandant aux investisseurs ce qu'ils pensaient ces jours-là. J'ai appris à partir de cette recherche et des recherches ultérieures ce que les gens pensent pendant les krachs, recherches que probablement personne d'autre dans le monde ne faisait <...> Je pensais que la science implique beaucoup de comportements de troupeau : trop de scientifiques font la même chose. Ils font cela pour des raisons de carrière, mais les scientifiques sont souvent plus efficaces à long terme lorsqu'ils avancent de façon indépendante. De ce point de vue, je considérais la volatilité et je réfléchissais sur ce sujet <...> Quand ce grand krach est arrivé en 1987, j'ai pensé que cela pourrait être la chance d'une vie pour la recherche sur les bulles spéculatives. J'ai d'abord craint que quelqu'un d'autre fasse une telle enquête sur ce que les gens pensaient le jour du plus grand krach boursier survenu en une seule journée (krach encore aujourd'hui le plus important à ce jour), rendant la mienne inutile <...> Pour organiser cette enquête, je suis resté éveillé pratiquement toute la nuit les 19 et 20 octobre 1987. J'étais épuisé, mais heureux de voir l'enquête en mouvement dans les jours qui ont suivi le krach : 2 000 questionnaires furent envoyés par la poste à des investisseurs individuels et 1 000 à des institutions. Sur les deux, j'ai reçu près de 1000 réponses. Je n'ai même pas essayé d'envoyer ça à une revue scientifique. Je pensais que ce serait rejeté. Je l'ai mis dans mon livre *Market Volatility* [1989] » (Ibid., 242 – 243).

Cette explication de Shiller est extrêmement précieuse pour comprendre le fonctionnement de l'institution des sciences économiques. Les membres de la communauté des économistes universitaires, même après avoir soutenu une thèse correcte du point de vue des normes de cette institution, doivent continuer à travailler dans le cadre de ces normes, même s'ils comprennent eux-mêmes que cela rend leurs recherches improductives. Seulement, la curiosité pour la réalité économique, peu fréquente chez les économistes, le courage professionnel et les circonstances particulières de la vie personnelle ont conduit Robert Shiller à utiliser une méthodologie discursive, ce qui, dans la plus grande majorité des cas, ne se produit pas. On apprend également des paroles de

Shiller qu'il comprenait bien les failles des pratiques de recherche des économistes.

Ce discours de Shiller confirme beaucoup de traits de l'approche discursive et de l'institution de la discipline économique évoqués ci-dessus dans le présent livre. Nous avons une confirmation que Shiller lui-même s'est rendu compte que cette approche suit l'approche interprétative ou herméneutique dans les sciences sociales. Apparemment, il n'était pas au courant que cette approche avait déjà été appliquée dans la discipline économique pratiquée à la fin du 19ème siècle et au début du 20ème siècle par l'école historico-éthique allemande et par l'institutionnalisme originel américain. Voici la continuation de son témoignage : « Oui, il y avait une tendance dans les sciences sociales à étudier les intentions. On l'a appelée science sociale interprétative ou herméneutique. Bien sûr, les intentions font partie de la discipline économique classique. Un modèle d'optimisation est une représentation des intentions, mais il n'y a traditionnellement aucune tentative de collecte de données sur ce que sont les intentions, ou les visions du monde associées et les modèles populaires. Les économistes essaient d'observer les actions plutôt que les intentions pour tester ces modèles. En 1987, j'ai pensé que je devrais faire mon enquête car sinon la chance serait perdue à jamais. Même si cela n'était utilisé par pratiquement personne d'autre en économie, je pensais que ce serait un jour utile » (Ibid., 243 - 244).

Ainsi, Robert Shiller, avec l'aide de son épouse, a redécouvert la méthodologie de recherche utilisée dans l'institutionnalisme originel. Il a compris que c'est en analysant les discours des acteurs que l'on peut comprendre la réalité socio-économique. Cependant, cette compréhension allait à l'encontre des règles de fonctionnement de la communauté des économistes universitaires. Les efforts de Shiller, qui se poursuivent jusqu'à aujourd'hui, visent à résoudre ce problème, à savoir la réconciliation de ses pratiques de recherche et de son appartenance à la communauté. On pourrait dire qu'il a suivi le conseil que Max Steuer m'a donné après mon intervention à *London School of Economics*, à savoir « présenter l'approche discursive non pas comme une négation du courant dominant mais comme son amélioration ».

Ma connaissance de la communauté occidentale des économistes universitaires a commencé en 1991 après mon arrivée en France. Au départ, j'étais principalement en liaison avec ceux qui s'intéressaient à l'économie de l'Union Soviétique. Wladimir Andreff, professeur d'économie à l'Université de Paris-I-Panthéon-Sorbonne, était parmi eux. Il parle dans son autobiographie[40], qu'il suit dans sa vie professionnelle un « agnosticisme scientifique » et un « éclectisme théorique ». Sur la base de nos longues et multiples conversations, j'interprète ses deux caractéristiques comme l'expression d'un incroyable cynisme professionnel. Ces caractéristiques signifiaient en vérité la considération de la profession non pas comme devant chercher à comprendre les réalités économiques mais comme le fonctionnement d'une communauté qui privilégie la fidélité au groupe d'appartenance professionnelle, et qui rejette a priori les thèmes interdits. La recherche dans le cadre de ce type de fonctionnement est comprise comme la lecture des ouvrages des économistes du passé et du présent, et la réaction à ces textes soit critique, soit plus souvent recherchant la continuité des raisonnements, sous la forme mathématique ou purement logique. En aucun cas, ce type de fonctionnement ne prévoit de recherches de terrain, sous

[40] Cette autobiographie était publiée dans le livre « Comment je suis devenu économiste » paru en 2007 aux Editions Le Cavalier Bleu.

forme de recherche-action ou d'interviews des acteurs, et d'une façon générale la recherche de la compréhension de la réalité n'est pas un but pour eux.

J'ai compris quelques années plus tard que professeur Andreff ne représentait pas un cas isolé dans la profession. Les économistes actuels, contrairement aux chercheurs en sciences naturelles, ne travaillent pas pour *comprendre* certains phénomènes, mais ils écrivent leurs articles et leurs livres afin d'être évalués positivement par la communauté des économistes académiques, et de cette façon de promouvoir leur statut au sein de cette communauté. Paul Samuelson a formulé cette caractéristique de la façon suivante : « Nous, les économistes, travaillons essentiellement pour avoir l'estime de nos pairs, ce qui nous permet de nous respecter nous-mêmes »[41] (Samuelson, Barnett, 2007, IX). La plus haute expression de « l'estime de ses pairs » pour un économiste est aux États-Unis son élection en tant que président de l'*American Economic Association,* et dans le monde l'octroi par la Banque Centrale de Suède du prix souvent appelé à tort Prix Nobel d'économie (Mirowski, 2020). Shiller a obtenu le deuxième type « d'estime de ses pairs » en 2013, et trois ans plus tard il était élu président de l'*American Economic Association.*

Pour comprendre le comportement de Shiller, nous pouvons nous adresser à la vision de l'activité professionnelle des économistes académiques proposée par Arjo Klamer. Comme l'a souligné à juste titre ce dernier, ce que font les économistes universitaires, c'est de tenir une conversation ou un ensemble de conversations entre eux. Et ces conversations sont menées principalement par la publication d'articles dans des revues professionnelles et moins souvent dans des livres. Klamer

---

[41] "We economists do primarily work for our peers' esteem, which figures in our own esteem".

a très bien noté que ces conversations ont des frontières à ne pas dépasser au-delà desquelles on est éjecté de la communauté des économistes universitaires. Voici comment il les caractérise : « Chaque conversation a ses frontières. Il est impossible de dire tout et n'importe quoi. Devenir trop personnel, trop politique et vous risquez de vous retrouver écarté de la conversation. Utilisez incorrectement un terme, utilisez une technique incorrecte ou posez une mauvaise question et vous risquez de vous retrouver banni de la conversation. Il n'est pas non plus toujours facile de savoir ce qui sera considéré comme 'faux'. Parce que les frontières qui marquent la conversation sont si floues, la 'mauvaise' question peut s'avérer être une percée et devenir largement acclamée. Un papier controversé peut déplacer quelque peu la frontière. Quoi qu'il en soit, une communauté scientifique solide garde soigneusement les frontières de sa conversation en examinant et en arbitrant les contributions à ses revues, et en étant très sélective et critique dans l'embauche et le recrutement de ses professeurs » (Klamer, 2007, 31).

Arjo Klamer est venu à ces conclusions sur la base d'une étude presque ethnographique et absolument magnifique de la communauté moderne des économistes universitaires. Ce qui manque à Klamer, c'est l'analyse historique de la profession. D'un point statique, à l'heure actuelle les frontières de la conversation au sein de la communauté des économistes peuvent paraître floues. Cependant, ces frontières infranchissables ont été posées à l'émergence de la profession et on peut les comprendre en retraçant son histoire. Dans ce cas, le flou disparaît et les frontières de la conversation des économistes acquièrent des contours clairs. Et ces contours représentent la colonne de gauche du Tableau 1 présenté dans le chapitre 3 du présent livre et la première ligne du Tableau 2 exposé dans le chapitre 4. Comme il est montré dans le chapitre 2 de ce livre, Schumpeter et Keynes n'ont pas osé publiquement franchir ces frontières en travaillant sur .la nature de la monnaie. Le phénomène de Robert Shiller est unique en ce que, dans ses recherches liées à la bulle sur le marché immobilier américain, il a traversé les frontières, en fait en passant sur la colonne droite du Tableau 1 et sur la ligne inférieure du Tableau 2, mais dans *la justification rhétorique* de ses résultats, il n'a pas traversé les frontières autorisées et il est resté dans le cadre de l'individualisme et de la causalité.

Berger et Luckmann pourraient expliquer ce phénomène d'un point de vue plus général. La traversée des frontières autorisées du fonctionnement de la profession des économistes académiques est équivalente à la remise en question de l'appartenance à la communauté, mais la communauté peut évoluer, et dans ce cas-là, nous arrivons à ce que Berger et Luckmann appelle « l'alternation » : « L'alternation implique donc une réorganisation de l'appareil de conversation. Les partenaires changent dans la conversation significative. Et dans la conversation avec les nouveaux autruis significatifs la réalité subjective est transformée. Elle est maintenue par l'intermédiaire d'une conversation continue avec ceux-ci, ou à l'intérieur de la communauté qu'ils représentent. Pour parler plus simplement, cela signifie que l'on doit maintenant être très prudent avec ses interlocuteurs. Les gens et les idées qui sont différents des nouvelles définitions de la réalité sont systématiquement évités » (Berger, Luckmann, 2012, 227).

Shiller expose les résultats de ses recherches sur les bulles spéculatives dans son livre *Irrational Exuberance.* Dans sa première édition (2000), les bulles spéculatives sont considérées comme un phénomène sur le marché boursier, et sa deuxième édition (2005) est augmentée pour considérer également le marché immobilier. Dix ans plus tard, la troisième édition de ce livre (2015) était publiée, et sa traduction française sort sous le titre « Faut-il avoir peur des bulles financières ? » (Shiller, 2016). Bien que dans ce livre, il ne parle pas beaucoup de sa méthode de recherche, il semble que le principal moyen de contact avec les acteurs ait été de leur envoyer des questionnaires plutôt que de les interviewer directement, mais les questionnaires qu'il envoyait permettaient non seulement de choisir parmi les réponses déjà proposées, mais de formuler leurs propres réponses par écrit.

Un autre ouvrage de Shiller, *The Subprime Solution*, publié après le début de la crise prévue dans *Irrational Exuberance*, était sous-titré de la façon suivante : *How Today's Global Financial Crisis Happened, and What to Do about It* (Shiller, 2008). Et ici, Robert Shiller exprime sa profonde croyance en ce que « le seul élément le plus important à prendre en compte pour comprendre ce boom spéculatif ou tout autre boom spéculatif est la contagion sociale de la pensée du boom, soutenue par l'observation commune de la hausse rapide des prix. Cette contagion sociale donne une crédibilité croissante aux histoires - je les appelle des histoires de 'nouvelle ère' - qui semblent justifier la conviction que le boom va se poursuivre » (Shiller, 2008, 41). Ainsi, en indiquant correctement que la pensée du boom est un élément important provoquant des booms spéculatifs, Shiller se trompe profondément en disant que c'est le seul élément important[42]. L'institution de la monnaie et l'institution des banques sont restées hors de son champ de vision, lors de l'examen des mécanismes des booms spéculatifs provoquant des crises.

---

[42] Plus tard en 2016, dans son discours présidentiel à *l'American Economic Association*, il déclare que la dépression de 1920-1921, la Grande Dépression des années 1930, la Grande Récession de 2007-2009 sont « les résultats des récits populaires (*the popular narratives*) de leurs époques respectives » (Shiller, 2017, 967).

Les rouages les plus profonds de l'apparition des crises financières sont bien décrits dans le livre « La fin de l'alchimie : la monnaie, les banques et l'avenir de l'économie mondiale»[43] de Mervyn King (King, 2016), *dont l'auteur fut pendant dix ans* (de 2003 à 2013) *le gouverneur de la Banque d'Angleterre* : « Au cours de ce livre, j'expliquerai les causes fondamentales de la crise et comment l'économie mondiale a perdu son équilibre ; comment la monnaie est apparue dans les sociétés antérieures et le rôle qu'elle joue aujourd'hui ; pourquoi *la fragilité de notre système financier découle directement du fait que les banques sont la principale source de création monétaire* (mis en italique par VY) ; pourquoi les banques centrales doivent changer la façon dont elles réagissent aux crises ; pourquoi la politique et l'argent vont de pair ; pourquoi le monde fera probablement face à une autre crise si les nations ne mènent pas des politiques différentes ; et, le plus important de tous, comment mettre fin à l'alchimie de notre système actuel de la monnaie et de la banque » (King, 2016, 8).

Le mot « alchimie » est le message clé de ce livre. « La vérité est que la monnaie, sous toutes ses formes, dépend de la confiance en son émetteur » (Ibid.). Et puisque les émetteurs de la majeure partie de la masse monétaire sont des banques commerciales privées, le fonctionnement normal de la monnaie dépend avant tout de la confiance envers ces banques. Les crises surviennent précisément lorsque cette confiance est brisée. C'est l'ex-gouverneur de la Banque d'Angleterre qui déclare : « L'idée que le papier-monnaie pouvait remplacer l'or et les métaux intrinsèquement précieux, et que les banques pouvaient prendre des dépôts sécurisés à court terme et les transformer en investissements risqués à long terme, a pris

---

[43] *The End of Alchemy: Money, Banking and the Future of the Global Economy*

son essor avec la révolution industrielle du 18ème siècle. C'était à la fois révolutionnaire et immensément séduisant. C'était en fait une alchimie financière – la création de pouvoirs financiers extraordinaires qui défient la réalité et le bon sens. La poursuite de cet élixir monétaire a entraîné une série de catastrophes économiques – des hyperinflations aux effondrements bancaires » (Ibid., 5).

Lord King ne se limite pas à des déclarations générales, mais rentre dans le détail de la façon suivante : « Les institutions financières, telles que les fonds de pension et les compagnies d'assurance, subissaient des pressions pour trouver des moyens de rendre leurs produits d'épargne plus attractifs et de réduire le coût croissant de la prévoyance face à la baisse des taux d'intérêt réels. Les banques ont joué leur rôle dans cette recherche de rendement. Elles ont créé une superstructure d'instruments financiers de plus en plus complexes, qui étaient des combinaisons de contrats plus basiques, tels que les prêts hypothécaires et d'autres types de dettes, et qui en découlaient – d'où leur nom de ‘dérivés’. Pour augmenter leur rendement, les banques ont créé des instruments composés de structures très risquées et souvent opaques avec des noms obscurs tels que les ‘titres de créance collatéralisés’ (*collateralized debt obligations*). Le taux de rendement moyen d'un actif risqué est supérieur à celui d'un actif sûr, comme une obligation d'État américaine ou britannique, pour compenser le risque supplémentaire de l'investisseur – le rendement supplémentaire est appelé prime de risque. Bien que certaines des transactions proposées aux investisseurs fussent sur le point d'être frauduleuses, le désir de rendements plus élevés signifiait que les acheteurs consentants ne manquaient pas. Seul un optimiste pouvait croire que la prime de risque sur le marché était suffisante pour compenser le risque encouru. C'était trop proche de l'alchimie. <…> Les prêts aux entreprises sont limités par le montant qu'elles souhaitent emprunter. Mais il n'y a pas de limite correspondante à la taille des transactions d'instruments financiers dérivés, et la plupart des achats et des ventes de dérivés sont effectués par de grandes banques et des *hedge funds*[44] ('fonds de couverture'). (Ibid., 32 – 33, 98).

Mervyn King annonce que « l'idée centrale dans ce livre est que la monnaie et les banques sont des institutions historiques particulières qui se sont développées avant le capitalisme moderne et doivent beaucoup à la technologie des temps anciens. Elles ont permis le développement d'une économie de marché et promis une alchimie financière. Mais à la fin, c'est cette alchimie financière qui a conduit à leur chute. La monnaie et la banque n'étaient pas une forme d'alchimie mais le talon d'Achille du capitalisme – un point de faiblesse qui menace de ravages à une échelle qui draine la vie de l'économie capitaliste. Comme ce sont des institutions créées par l'homme, les hommes - et les femmes – peuvent les refaire. Pour cela, nous devons d'abord analyser le fonctionnement de la monnaie et de la banque aujourd'hui. <…> Aujourd'hui, la plupart de la monnaie est créée par des institutions du secteur privé – les banques. C'est la ligne de faille la plus grave dans la gestion de la monnaie dans nos sociétés d'aujourd'hui » (Ibid., 50, 86).

Dans le livre *The Subprime Solution*, Shiller se manifeste encore plus que dans *Irrational Exuberance* en tant qu'économiste partageant une méthodologie discursive. Voici comment il réagit au discours d'Alan Greenspan publié en mars 2008 dans le *Financial Times* : « Greenspan reconnaît finalement la réalité évidente des bulles, mais il ne semble pas pouvoir accepter que la pensée des gens soit fortement influencée par ce qui est

---

[44] Le livre de Michel Aglietta et al. « Hedge Funds » (Aglietta et al., 2010) a comme sous-titre « Entrepreneurs ou requins de la finance ? ».

intrinsèquement social. Il pense que les modèles économétriques mathématiques du comportement individuel sont les seuls outils que nous aurons jamais avec lesquels comprendre le monde, et qu'ils ne sont limités que par la quantité et la nature de nos données et notre capacité à gérer la complexité. Apparemment, il ne nourrit pas beaucoup de respect pour les approches de recherche dans des domaines tels que la psychologie et la sociologie » (Shiller, 2008, 42–43). Shiller appelle clairement les économistes à ne pas suivre l'exemple de Greenspan et invite à utiliser la psychologie et la sociologie dans leur version discursive : « il semble que de nombreux économistes et commentateurs économiques ne comprennent pas que la contagion des idées affecte inévitablement les affaires humaines » (Ibid., 43). Il estime que « les marchés spéculatifs sont simplement des endroits exceptionnellement bons pour observer le flux et le reflux des idées au sein de la pensée collective » (Ibid.).

Robert Shiller et son co-auteur George Akerlof, dans leur livre « Les esprits animaux. Comment les forces psychologiques mènent les finances et l'économie » (Akerlof, Shiller, 2013), continuent de développer l'idée déjà exprimée précédemment dans les travaux susmentionnés de l'impact décisif de la circulation des histoires sur la réalité économique. Le chapitre 5 de leur livre dans son entier est spécifiquement consacré à cette idée. Ce chapitre commence par une brève introduction à la psychologie discursive[45]: « L'esprit humain est construit pour penser en termes de récits (*narratives*), de séquences

[45] Il existe une vaste littérature sur la psychologie discursive, y compris les travaux de chercheurs de l'Université de Yale (Schank, Abelson, 1977, 1995) auxquels Akerlof et Shiller ont fait référence dans ce chapitre. Comme indiqué précédemment, l'un des découvreurs et promoteurs de la psychologie discursive était Rom Harré (Harré, Gillette, 1994 ; Harré, Stearns, 1995).

d'événements avec une logique et une dynamique intégrales qui apparaissent comme un tout unifié » (Akerlof, Shiller, 2009, 51) ; « Les psychologues sociaux Roger Schank et Robert Abelson ont soutenu que les histoires et la narration sont fondamentales pour la connaissance humaine. Les souvenirs des gens de faits essentiels sont, soutiennent-ils, indexés dans le cerveau autour d'histoires. Les faits dont on se souvient sont attachés aux histoires. D'autres faits peuvent entrer dans la mémoire à court terme. Mais ces souvenirs ont tendance à ne pas avoir d'influence, et ils sont finalement effacés » (Ibid.) ; « Les hommes politiques sont une source importante d'histoires, en particulier dans le domaine économique. Ils passent une grande partie de leur temps à parler à leur public. Ce faisant, ils racontent des histoires. Et comme une grande partie de l'interaction avec le public concerne l'économie, ces histoires le font également » (Ibid, 53).

Ces deux auteurs accusent les économistes de négliger les histoires : « Il est généralement considéré comme non-professionnel pour les économistes de fonder leurs analyses sur les histoires. Au contraire, nous sommes supposés devoir coller aux faits quantitatifs et à la théorie – une théorie qui est basée sur l'optimisation, et spécialement l'optimisation des variables économiques <…> Mais [que dira-t-on] si les histoires elles-mêmes font bouger les marchés ? Et si ces histoires qui contiennent des explications répétitives ont un effet réel ? Et si elles font elles-mêmes partie intégrante du fonctionnement de l'économie ? Alors, [on peut dire que] les économistes sont allés trop loin. Les histoires ne se contentent plus d'*expliquer* les faits ; ce *sont* les faits » (Ibid., 54).

Cette déclaration reflète l'essence de la *nécessité absolue d'adopter une approche discursive en économie.*

Néanmoins, comme le livre de Shiller *Irrational Exuberance*, l'ouvrage conjoint d'Akerlof et Shiller contient beaucoup de confusion méthodologique. Pour commencer, dans la préface du livre, les auteurs affirment s'appuyer sur l'économie comportementale (Ibid., XI). Je pense que ceux qui sont familiers avec les travaux de Daniel Kahneman et Amos Tversky (Kahneman, Tversky, 2000) ainsi que ceux de Richard Thaler (Thaler, 2018) verront-ils à peine dans le livre d'Akerlof et de Shiller quelque chose en commun avec la théorie économique comportementale, à l'exception, peut-être, de la liste des manifestations de l'irrationnel. Les expériences en économie comportementale étaient basées sur les concepts de la théorie économique néoclassique et visaient en grande partie à tester et à améliorer ses postulats et ses modèles. Bien qu'Akerlof et Shiller dans leur livre se réfèrent parfois à ces expériences, la discussion des manifestations du principe irrationnel est basée chez eux plutôt sur la méthodologie discursive avec son attention aux règles fixées narrativement, et non aux fonctions d'utilité auxquelles ils se réfèrent.

Le succès de la prédiction de la crise par Shiller a montré que le langage théorique de l'économie institutionnelle discursive constructiviste expliquait le phénomène des bulles avec plus de succès que les langues utilisées à la fois par les orthodoxes et les hétérodoxes, mais il semble vain d'espérer une masse critique de partisans de cette langue au sein de la communauté des économistes pour des raisons institutionnelles. Même Shiller lui-même, en dépit de son autorité et de sa position professionnelle solide, a dû justifier la nécessité d'étudier les histoires en donnant faussement ce qu'il faisait pour être quelque chose basé sur les résultats d'une économie comportementale[46] qui faisait déjà partie du courant dominant, pour ne pas être en dehors du cadre institutionnel de la profession d'économiste universitaire.

A vrai dire, il faut reconnaître qu'actuellement la version originale de l'économie comportementale de Kahneman-Tversky subit des ajouts dans le style d'une approche institutionnelle et discursive (Corr, Plagnol, 2019). Ainsi, dans le manuel d'économie comportementale de Patrice Laroche, vous pouvez trouver les déclarations suivantes : « Les normes sociales définissent les règles de conduite dans un groupe social et traduisent les valeurs et les idéaux dominants dans ce groupe pouvant faire l'objet de pression par les pairs. Étant donné que l'être humain est par nature un être social, les comportements pro sociaux – c'est-à-dire ceux qui sont tournés vers les autres, qui ont le souci de l'autre (cf. supra) – sont généralement récompensés par le groupe. Les normes assurent en général le lien social. En revanche, le non-respect des normes sociales est souvent sanctionné. Les sanctions peuvent consister en brimades et aller jusqu'à l'exclusion de l'individu de son groupe d'appartenance. Les normes sont aussi souvent l'imposition de contraintes par la 'pression sociale'. En effet, ces contraintes sont inefficaces si elles ne sont pas relayées par la désapprobation sociale à l'égard de ceux qui transgressent la norme. Les normes sociales n'existent pas sans impliquer un processus de reconnaissance entre personnes, et cette reconnaissance passe par un comportement en accord avec ce qui est attendu dans le groupe, autrement

[46] Dans le livre de Floris Heukelom *Behavioral Economics: A History* (Heukelom, 2014) il est montré comment, à partir de constructions abstraites du livre de John von Neumann et Oskar Morgenstern « Théorie des jeux et comportement économique » et des expériences de laboratoire également abstraites basées sur ces constructions, un certain nombre de psychologues et économistes sont venus à ce qui fut appelé l'économie comportementale.

dit, par une conformité scrupuleuse aux normes du groupe <…> la pensée humaine se structure autour de récits, de suites d'événements dotées d'une logique interne et qui forment un ensemble cognitif. Cette trame narrative permet d'appréhender sa vie comme une succession d'événements liés entre eux. Cette histoire nous aide à mieux cerner qui nous sommes et ce que nous cherchons à accomplir » (Laroche, 2021, 37, 118-119).

Dans ses livres, Shiller ne dit rien sur la nature institutionnelle de la monnaie. L'institution centrale liée à la finance qui est la monnaie/l'argent, n'est pas même abordée dans ses livres. Apparemment, Shiller voit la monnaie de la façon traditionnelle pour les économistes, c'est-à-dire soit comme une marchandise, soit plus généralement comme un actif. Pourtant, des économistes comme Josef Schumpeter et John Commons considéraient déjà la monnaie comme une institution sociale, c'est-à-dire comme les règles d'interaction entre les acteurs économiques. La compréhension de la monnaie en tant qu'institution permet de comprendre la nature des crises régulières liées à la finance. Peut-être Shiller ne maîtrise pas cette compréhension car il donne l'explication de ces crises par les traits psychologiques des êtres humains. Dans son livre « Exubérance irrationnelle », il donne l'explication suivante : « L'exubérance irrationnelle est le fondement psychologique d'une bulle spéculative. Je définis cette dernière comme une situation dans laquelle des nouvelles de hausse des cours stimulent l'enthousiasme des investisseurs, enthousiasme qui se diffuse par contagion psychologique d'une personne à une autre pendant le processus, amplifie les informations justifiant la hausse des cours et intéresse de plus en plus d'investisseurs. Ceux-ci, malgré les doutes sur la valeur réelle de leur investissement, sont attirés par la hausse, en partie au travers de l'envie de partager les succès des autres et en partie en raison de l'excitation que ressent tout joueur » (Shiller, 2016, 41).

Ainsi, les bulles spéculatives et les crises financières et économiques ultérieures, selon Shiller, ne sont pas le résultat de l'existence d'institutions de l'ordre social monétaire, parmi lesquelles l'institution de la monnaie est centrale, mais sont principalement le résultat de la psychologie humaine. Il s'ensuit que les principales caractéristiques de l'ordre social actuel ne doivent pas être changées, et il faut simplement que les gens deviennent plus prudents dans leurs décisions, ne succombant pas à l'excitation spéculative. En ce sens, le livre de Shiller « Exubérance irrationnelle » sert à maintenir l'ordre social existant, ce qui est l'objectif principal de la profession d'économiste depuis sa création. Dans sa fonction de défenseur de l'ordre social monétaire, Shiller va encore plus loin en publiant deux livres purement idéologiques. Le premier est publié en 2003 sous le titre *The new financial order : risk in the 21st century*[47] et le second en 2012 sous le titre *Finance and the Good Society*. Dans ces deux livres, Shiller exhorte à une utilisation accrue des instruments financiers dans la vie de la société. À cette occasion, l'un des critiques du premier livre écrit ce qui suit : « Je pense que le Shiller réformateur distributif qui émerge sur diverses pages doit affronter l'amplificateur du marché qui domine le reste du livre. Bien que ce conflit intérieur ne soit peut-être pas insoluble, il nécessitera beaucoup de travail, et notamment de la part de Shiller lui-même. Mais malgré ce conflit partiellement supprimé, Shiller est clairement un porte-étendard de la 'classe entrepreneuriale'. Dans ce rôle, il incline l'histoire de

---

[47] Le livre *The new financial order: risk in the 21st century* a été traduit en Français (Shiller, 2014).

manière à 'accentuer le positif et à minimiser les aspects négatifs des innovations' [financières] (Reder, 2004, 539).

Dans ses recherches et dans son projet social, Shiller s'adresse principalement aux « investisseurs ». Mais la plupart des gens dans le monde, y compris dans les pays européens et aux États-Unis, ne le sont même pas potentiellement. À l'heure actuelle, ils sont plutôt totalement débiteurs des banques (Lazzarato, 2011 ; 2014).

C'est en 2013 que Robert Shiller a reçu le prix de la Banque Centrale de Suède. Il est intéressant de noter qu'il a reçu ce prix l'année qui a suivi la publication de son œuvre idéologique *Finance and the Good Society* (Shiller, 2012). Le titre de ce livre évoque clairement une continuité avec le livre de Walter Lippmann *The Good Society*, traduit en Français sous le titre « La cité libre » (Lippmann, 1938). Comme on le sait, ce livre a fait l'objet d'une discussion lors du colloque de Lippmann à Paris en 1938, colloque qui a marqué le début du néolibéralisme (Audier, 2021). W. Lippmann et R. Shiller utilisent tous deux la même méthode rhétorique pour justifier l'ordre social existant. Ils soulignent à la fois certaines caractéristiques négatives de cet ordre et les lacunes de sa justification idéologique, tout en affirmant que ces caractéristiques peuvent être corrigées, mais tout en restant dans son cadre et en déclarant que sa justification idéologique doit être réexaminée.

Dans son discours au colloque de Paris de 1938, W. Lippmann a exprimé les idées suivantes : « C'est pourquoi nous savons que ce qui nous préoccupe, c'est quelque chose de plus durable, de plus universel, et de plus profondément humain que les formules doctrinaires du libéralisme du 19ème siècle. Et c'est pourquoi nous faisons fausse route chaque fois que nous adhérons à l'une des nombreuses sectes libérales. Chaque fois que nous confondons la cause de la liberté avec des doctrines comme celles du droit naturel, de la souveraineté populaire, des droits de l'homme, du gouvernement parlementaire, du droit des peuples à disposer d'eux-mêmes, du laissez-faire ou du libre-échange. Ce sont là des concepts que les hommes ont utilisés à certains moments et dans certaines circonstances historiques. Souvent, ils ont servi à forger et à conquérir une émancipation partielle. Mais ils n'ont pas été la cause première ni l'énergie motrice, et le sort de la liberté n'est lié à aucune des théories libérales. C'est pourquoi nous devons nous réserver le droit de réviser les prémisses de toutes les théories libérales, et de n'accorder à aucune d'entre elles une valeur dogmatique et définitive » (Audier, 2021, 207)[48]

Immédiatement après le discours de W. Lippmann, l'économiste français réputé Louis Baudin s'est exprimé comme suit : « Je suis frappé par ce fait que MM. Rougier et Lippmann ont parlé du libéralisme en revêtant ce mot d'une nuance spéciale. Le libéralisme, pour eux, n'est pas celui d'hier, ce sera celui de demain : un libéralisme assagi, révisé, rénové. On se donne ainsi beaucoup de mal pour modifier le sens d'un terme ancien et on peut se demander s'il n'est pas préférable d'en choisir un autre. Une définition correcte est une proposition dans laquelle l'attribut exprime l'essence du sujet ; or la liberté n'est qu'un moyen alors que la fin est une certaine conception du développement de la personnalité humaine. A priori, le mot libéralisme ne paraît donc pas très heureux. On objectera sans doute qu'il est nécessaire de créer une antithèse entre le libéralisme et

---

[48] Actuellement, des réfutations des concepts de la liste de Lippmann peuvent être trouvées dans les ouvrages de beaucoup d'auteurs, notamment dans l'ouvrage du philosophe canadien C.B. Macpherson *La théorie politique de l'individualisme possessif* (Macpherson, 1971).

le socialisme, ce dernier étant défini, comme le font plusieurs économistes, par une mise en commun des moyens de production obtenue par voie d'autorité. Mais, ici encore, la définition du socialisme semble insuffisante, car il y a dans cette doctrine bien d'autres idées qui dominent et commandent la mise en commun et la contrainte : primauté de la collectivité par rapport à l'individu, de la raison par rapport à la nature, idée de revendication contre des injustices, aspiration à l'égalité de fait, etc. La mise en commun et la contrainte sont des corollaires. L'antithèse fondamentale consiste dans l'opposition de l'individualisme et du socialisme, comme l'exigent les mots eux-mêmes. Le libéralisme qui, poussé à l'extrême, devient anarchisme, a pour contraire l'interventionnisme qui, étant exagéré, conduit à l'étatisme. Le mot individualisme semble donc, pour nous, préférable au mot libéralisme » (Audier, 2021, 213).

Beaucoup plus tard, dans son livre « L'aube d'un nouveau libéralisme », le professeur L. Baudin se souvient de cet épisode du colloque de Paris comme suit : « Nous-même avons manifesté notre dissentiment au sujet du nom de la doctrine : la liberté n'était pas le but que l'on se proposait d'atteindre exclusivement, ce colloque n'avait rien d'anarchiste. C'était si vrai que le 'laissez-faire, laissez-passer' avait été unanimement rejeté. Il ne semblait pas très adroit, dans ces conditions, de prendre l'étiquette d'un système périmé, même avec l'addition de 'néo'. II en a été pourtant décidé ainsi et le néo-libéralisme est entré dans l'histoire » (Baudin, 1953, 146).

Robert Shiller désire coûte que coûte rester dans le cadre de l'individualisme, l'idéologie fondatrice de la discipline économique. Il fait un effort supplémentaire dans ce sens en 2016 dans son discours présidentiel à l'*American Economic Association, Narrative Economics*

(Shiller, 2017) et puis dans son livre avec le même titre (Shiller, 2019).

7. L'économie narrative ou l'économie discursive ?

Dans mon intervention de novembre 2010 à *London School of Economics* mentionnée dans le quatrième chapitre de ce livre, j'ai commencé comme ceci : « Les économistes orthodoxes et hétérodoxes en tant que profession n'ont pas anticipé la crise actuelle qui a commencé avec l'éclatement de la bulle immobilière aux États-Unis. Ils ont échoué en tant que profession, mais certains économistes ont néanmoins réussi à la prévoir. Robert Shiller de l'Université de Yale en fait partie. Je pense que je peux affirmer qu'il a réussi en utilisant [grâce à] l'approche discursive. Shiller est un économiste très inhabituel. Après avoir obtenu sa titularisation en tant qu'économiste orthodoxe tout à fait typique, il a décidé de faire ses recherches en utilisant des méthodes d'enquête, ce qui était une déviation radicale de la façon acceptée de faire la recherche dans la profession économique, et comme Shiller a dit lui-même '[cela] n'avait guère de sens du point de vue de la carrière' ».

C'est parce que Robert Shiller avait très bien appliqué l'approche discursive pour prédire l'apparition d'une bulle en 2007 sur le marché résidentiel américain, mais qu'il a utilisé une fausse rhétorique faisant appel à l'économie comportementale pour justifier cette approche, que j'avais décidé de préparer un article critique à ce sujet.

Je reproduis ci-dessous la traduction de ma lettre à ce dernier et sa réponse :

« Cher Robert,

Récemment, j'ai visité LSE avec le projet suivant : '*Vers une Économie discursive*. Robert Shiller est l'un de ceux qui ont réussi à prévoir la crise. Il pouvait comprendre la crise à venir en prêtant attention au discours dominant parmi tous les acteurs impliqués concernant le marché du logement. L'économie discursive fait l'analyse de tout phénomène économique de la même manière. Elle amorce le *tournant discursif* dans la discipline économique qui s'est déjà opéré en psychologie et en science politique. Elle étudie les actes de langage se déroulant dans certains ensembles de personnes afin de révéler les règles et fils narratifs des histoires qui déterminent leur comportement. Dans mon projet de recherche, les comparaisons ontologiques et épistémologiques de l'économie discursive avec l'économie expérimentale, l'économie comportementale et l'économie institutionnelle seront faites'.

Vous trouverez ci-joint le texte de mon intervention que j'ai faite dans le cadre de cette visite, ainsi que deux e-mails de Rom Harré concernant cette intervention : le premier qu'il a écrit un jour avant mon intervention et le second un jour après.

Je suis impatient d'écrire maintenant un article intitulé 'Psychologie et méthodologie discursives versus psychologie et méthodologie du courant dominant dans la recherche et l'enseignement de Robert J. Shiller', avec le contenu suivant :

1. Un économiste curieux.
2. Psychologie discursive versus psychologie dominante.
3. Un économiste qui a prédit la crise.
4. 'Comment la psychologie humaine dirige l'économie et pourquoi elle est importante pour le capitalisme mondial'.
5. Économie discursive et innovation institutionnelle.
6. 'Comment la crise financière devrait-elle changer la façon dont nous enseignons la discipline économique ?'
7. La méthodologie discursive au lieu de la méthodologie traditionnelle dans la discipline économique.

La section 1 sera basée sur votre entrevue accordée à John Y. Campbell le 4 janvier 2003. La deuxième section reprendra les travaux de Jonathan Potter, Derek Edwards et Rom Harré. Dans la troisième section, j'analyserais les psychologies et les méthodologies que vous utilisez dans 'Exubérance irrationnelle' et 'La Solution des subprimes'. La section 4 fera de même avec votre livre 'Esprits animaux'. J'essaierais dans la section 5 de réinterpréter vos affirmations dans votre article 'Économie Comportementale et Innovation Institutionnelle' concernant Schmoller et Commons. La section 6 sera basée sur l'analyse de vos cours à l'Université de Yale. La section 7 jouera le rôle de conclusion.

Pourriez-vous bien me dire ce que vous pensez de ce projet d'écriture d'un tel article.

Je vous en remercie par avance.

Cordialement, Vladimir Yefimov »[49].

Voici la traduction de la réponse du 1er décembre 2010 de Robert Shiller :

« À: Vladimir Yefimov

Merci pour votre note. Je n'ai jamais entendu le terme d''économie discursive' auparavant. Cela ressemble à une nouvelle définition intéressante d'une approche de recherche. J'aimerais y penser davantage. Mais, je ne trouve aucune pièce jointe à votre note. Avez-vous oublié de l'attacher ?

Robert Shiller »[50].

Dans cette réponse, il indique qu'il n'a pas reçu le texte de mon intervention à Londres. Immédiatement, je lui ai

---

[49] Ce texte est la traduction de mon e-mail du 30 novembre 2010 à Robert Shiller ayant comme objet « Discursive versus Mainstream Psychology and Methodology in the Research and Teaching of Robert J. Shiller »

[50] "To: Vladimir Yefimov
Thanks for your note. I have never heard the term "discursive economics" before. It sounds like an interesting new definition of an approach to research. I would like to think about this more. But, I do not find any attachment to your note. Did you forget to attach it?
Robert Shiller".

envoyé à nouveau, à partir de différentes adresses et de différents ordinateurs, le texte de cette intervention et les diapositives que j'ai utilisées pendant celle-ci. Il ne pouvait pas ne pas les avoir obtenus in fine, mais je n'ai pas reçu de réponse avec sa réaction ni à mon texte d'intervention à LSE, ni au projet d'article critiquant sa rhétorique pour justifier une approche discursive.

D'après ma réponse à Rom Harré (voir le chapitre 4 du présent livre), on peut facilement se rendre compte que la publication à LSE de l'article que Rom Harré voulait voir est finalement devenue impossible. Finalement, j'ai envoyé le texte de mon intervention à LSE au vice-recteur de l'Ecole supérieure d'économie à Moscou, Vadim Radayev, éditeur en chef de la revue *Economic Sociology*, avec la proposition de préparer une version russe détaillée de l'article, conformément aux recommandations de Rom Harré. Après un certain temps, j'ai reçu une réponse positive à cette proposition et j'ai commencé à travailler sur l'article en question. Le texte s'est avéré être long et il a été séparé en deux parties sous l'intitulé *Discourse analysis in economics: methodology and history of economics reconsidered* (Yefimov, 2011a ; 2011b). Voici le résumé que j'ai placé au début de la première partie cet article :

« Ceux qui connaissaient les règles de comportement des différents acteurs du marché du logement aux Etats Unis pouvaient assez facilement reconnaître la bulle gonflée sur celui-ci et prévoir qu'elle allait inévitablement éclater. En dehors de ceux qui appliquaient directement ces règles dans la pratique, celles-ci ne pouvaient être connues que par ceux qui n'ont pas hésité à entrer en contact direct avec les participants de ce marché, par exemple sous la forme d'interviews. Si on parle plus généralement, les régularités socio-économiques découlent du fait que les gens se comportent selon certaines règles socialement construites, et ces règles sont expliquées, justifiées et mémorisées en racontant à eux-mêmes et à d'autres des histoires (*stories*). En acceptant cette affirmation, il faut reconnaître que pour révéler les régularités socio-économiques, il faut analyser ces histoires. La science économique moderne n'étudie pas les discours des acteurs économiques et se prive ainsi de la capacité de comprendre et de prévoir les phénomènes économiques. L'étude des discours n'est pas un éloignement des normes scientifiques établies dans les sciences naturelles, mais au contraire, elle est le rapprochement à celles-ci, puisque presque toutes les interactions sociales passent par l'intermédiaire du langage. Cet article propose une alternative à certains types d'économie institutionnelle actuellement pratiqués, ainsi qu'à certains nouveaux domaines de la discipline économique comme l'économie comportementale et l'économie expérimentale ».

Je commence la deuxième section de la première partie de mon article comme ceci : « Par analyse discursive en économie, nous comprendrons l'analyse des récits (*narratives*[51]) directement liés aux processus et aux phénomènes économiques ». Après cela, je cite l'article de Jens Brockmier et Rom Harré *Narrative: Problems and Promises of an Alternative Paradigm* : « Systématiquement parlant, les sous-catégories des récits comprennent les mythes, les contes populaires et les contes de fées, les histoires réelles et fictives, et certains textes historiques, juridiques, religieux, philosophiques et scientifiques » (Brockmier, Harré, 1997, 267). J'ajouterais aussi à la liste de ces derniers, les textes politiques.

Cette citation de mon article russe de 2011 montre certaines coïncidences des deux approches de recherche,

---

[51] Je traduis dans le reste de cet article le terme anglais *narrative* par le terme français de « récit ».

celles de Robert Shiller et la mienne. Voici ce que Shiller écrit dans son livre : « Le mot récit (*narrative*) est souvent synonyme d'histoire. Mais mon utilisation du terme reflète un sens moderne particulier donné dans l'*Oxford English Dictionary* : 'une histoire ou une représentation utilisée pour donner un compte rendu explicatif ou justifiant d'une société, d'une période, etc.' En élargissant cette définition, j'ajouterais que les histoires ne se limitent pas à de simples chronologies d'événements humains. Une histoire peut également être une chanson, une blague, une théorie, une explication ou un plan qui a une résonance émotionnelle et qui peut facilement être transmis dans une conversation de tous les jours » (Shiller, 2019, 377). Vous pouvez remarquer que la compréhension du récit (*narrative*) par Shiller est presque identique à celle de Rom Harré. Pourtant, il y a une différence très importante chez Harré et Brockmier par rapport à celle exprimée par Shiller. Ces deux auteurs se sont assurés, en examinant la pratique réelle de l'utilisation des récits, *qu'ils sont plus prescriptifs que descriptifs* : « Dans cette perspective, le récit est donc le nom d'un *répertoire spécial d'instructions et de normes* sur ce qui doit être fait et ne pas être fait dans la vie, et sur la manière dont un cas individuel doit être intégré dans un canon généralisé et culturellement établi »[52] (Brockmier, Harré, 1997, 276). Robert Shiller n'est pas institutionnaliste ; il ne considère pas les récits comme la fixation de règles, et de cette façon, il veut rester dans le cadre de l'approche économique traditionnelle, d'où la différence des justifications de l'approche discursive–narrative entre Shiller et moi-même.

---

[52] "In this view, then, narrative is the name for a special repertoire of instructions and norms of what is to be done and not to be done in life and how an individual case is to be integrated into a generalized and culturally established canon".

Pour rester un membre respecté de la communauté des économistes universitaires, Robert Shiller devait rester dans la vision du monde de la colonne de gauche du Tableau 1. Le 1er décembre 2010, Robert Shiller m'a écrit : « J'aimerais y penser davantage ». Cette réflexion s'est poursuivie jusqu'en 2016, date à laquelle, en tant que président de *l'American Economic Association*, il a prononcé un discours intitulé *Narrative Economics* (Shiller, 2017). Trois ans plus tard, il publie un livre avec le même titre, dans lequel il écrit : « Nous devons intégrer la contagion des récits (*narratives*) dans la théorie économique. Sinon, nous restons aveugles à un mécanisme très réel, très palpable, très important pour le changement économique, ainsi qu'à un élément crucial pour la prévision économique. Si nous ne comprenons pas les épidémies de récits populaires, nous ne comprenons pas pleinement les changements en économie et les comportements économiques <...> En utilisant le terme économie narrative, je me concentre sur deux éléments : (1) la contagion du bouche-à-oreille des idées sous forme d'histoires et (2) les efforts que les gens font pour générer de nouvelles histoires contagieuses ou pour rendre les histoires plus contagieuses. Tout d'abord, je veux examiner comment la contagion narrative affecte les événements économiques » (Shiller, 2019, x, xi)[53].

De cette façon, il a mis en œuvre la justification de l'approche discursive en s'appuyant sur la métaphore des *epidemics*, tout en restant dans la vision du monde de la colonne de gauche du Tableau 1. L'épidémie actuelle de coronavirus montre que son évolution dépend fortement des règles du comportement, qui peuvent notamment être

[53] Vous pouvez remarquer que la compréhension du récit (*narrative*) par Shiller est identique à celle de Rom Harré que j'utilise dans mon article de 2011. Pourtant cela n'a pas empêché Shiller de donner une justification en totale contradiction avec celle de Harré.

dictées par l'Etat[54]. Ainsi, la métaphore utilisée par Shiller donne une fausse justification à l'approche discursive, puisqu'elle la transfère de la deuxième ligne à la première ligne du Tableau 2. Cette technique rhétorique pourrait peut-être convaincre quelques économistes, mais elle s'avère certainement préjudiciable au développement d'une approche discursive (narrative) pour la recherche pratique *dans le but de comprendre la réalité*. Les récits non seulement « infectent », comme le dit Shiller, mais reflètent et prescrivent les règles existantes de l'interaction des acteurs, installées soit par la tradition enracinée dans l'histoire soit par l'autorité, y compris par l'Etat. Ces « récits » doivent être étudiés afin d'identifier les régularités dans la réalité économique prise au sens le plus large. Robert Shiller ne s'intéresse qu'à une partie de cette réalité, et de cette façon il ne s'intéresse qu'à une partie des acteurs économiques, celle des investisseurs particuliers et institutionnels. Son rêve de transformer toute la population des Etats-Unis en investisseurs et rentiers est irréaliste.

Shiller propose d'utiliser pour l'analyse de l'expansion des récits les méthodes quantitatives utilisées par ceux qui étudiaient les épidémies : « Les écoles de médecine ont poursuivi la modélisation mathématique de la propagation des épidémies depuis une centaine d'années, ce qui rend le domaine bien développé et regorge d'applications potentielles à l'économie. L'épidémiologie a produit non pas un modèle, mais plutôt de nombreux modèles différents qui peuvent être appliqués en différentes circonstances, et elle est au cœur de ce livre, comme nous le verrons dans les chapitres suivants. Pour ceux qui

[54] Voilà déjà plus de deux ans avec l'épidémie de Coronavirus que nous sommes témoins en France de l'émission et de la suppression d'une multitude de règles introduites par le gouvernement qui ont influencé de façon significative l'évolution de l'épidémie.

veulent examiner ces modèles mathématiques en détail, l'annexe à la fin de ce livre fournit une revue des modèles et leurs applications possibles aux récits économiques » (Shiller, 2019, 14).

Voici comment il décrit un tel modèle : « Leur modèle le plus simple a divisé la population en trois compartiments : susceptible [d'être infecté], infectieux et rétabli. On l'appelle donc modèle SIR ou modèle compartimental. S est le pourcentage de la population qui est susceptible [d'attraper la maladie], les personnes qui n'ont pas eu la maladie et sont vulnérables à l'attraper. I est le pourcentage de la population qui a attrapé la maladie et qui est infectieuse, qui la propage activement. R est le pourcentage de la population qui est rétablie, qui a eu la maladie et s'en est remise, qui a acquis une immunité et qui n'est plus capable d'attraper à nouveau la maladie ou de la propager. Personne ne meurt dans ce modèle original. La somme des pourcentages est de 100%, 100% = S + I + R, et la population est supposée constante. Selon la théorie mathématique des épidémies de maladies de Kermack-McKendrick, dans une population constante minutieusement mélangée, le taux d'augmentation des infections dans une épidémie est égal à un paramètre de contagion constant c fois le produit de la fraction de la population totale sensible S et de la fraction infectieuse I, moins un taux de récupération constant r fois la fraction infectieuse I. Chaque fois qu'une personne sensible rencontre une personne infectieuse, il y a un risque d'infection. Dans une population nombreuse, la chance est en moyenne une certitude. Le nombre de tels contacts par unité de temps dépend du nombre de paires sensibles-infectieuses dans la population, d'où le produit SI » (Shiller, 2019, 289-290).

Dans ce modèle à trois équations, les humains sont considérés, comme dans le courant économique dominant, comme des molécules se déplaçant indépendamment. Depuis deux ans, l'expérience de la pandémie COVID-19 montre qu'un tel modèle n'est pas applicable à cette épidémie. Comme je l'ai dit plus haut, l'évolution de l'épidémie dépend en grande partie des règles de comportement des populations, qui sont notamment imposées par l'Etat, qui s'efforce de garantir leur application. Le modèle SIR évoqué par Shiller correspond à l'ignorance traditionnelle de la notion de règles (normes, instructions) dans la discipline économique, comme on peut le voir dans son livre[55].

Ne considérant pas les récits comme l'expression des règles (normes, instructions) - donc ne s'appuyant pas systématiquement sur l'approche discursive-narrative exprimées dans les dispositions de la deuxième ligne du tableau 2 -, il reste dans sa rhétorique dans la ligne haute du tableau avec son appel à la causalité : « nous pouvons considérer les nouveaux récits comme des innovations causales, car chaque récit trouve son origine dans l'esprit d'un seul individu (ou comme une collaboration entre quelques personnes) < …> Comprendre les effets des 'quelques personnes' qui créent de nouveaux récits contagieux est essentiel pour formuler les fondements d'une théorie de l'économie narrative » (Ibid., 71-72). À ces 'quelques personnes', Shiller applique le terme de 'entrepreneur culturel'. Cependant, il perd de vue que les acteurs agissent dans un environnement institutionnel déjà établi, c'est-à-dire dans le cadre de certaines règles formelles et informelles, et si les innovations de l''entrepreneur culturel' contredisent les règles formelles, elles ne seront pas acceptées, car leur suivi peut entraîner de lourdes sanctions. En outre, les individus ont, en plus

---

[55] Dans la nouvelle économie institutionnelle, les règles ne sont pas ignorées, mais on leur donne une fausse interprétation qui la rapproche du paradigme néoclassique.

des règles qui leur sont imposées par l'‘entrepreneur culturel’, leurs propres règles informelles et des croyances-convictions ayant des racines historiques profondes, et si celles-ci contredisent les règles introduites par l'‘entrepreneur culturel’, elles peuvent être rejetés par ces individus. Robert Shiller ne s'intéresse dans ses recherches qu'aux activités des ‘entrepreneurs culturels’, en oubliant que ceux-ci agissent dans le cadre institutionnel existant. Shiller ne s'interroge même pas sur l'instabilité économique et l'inefficacité sociale de cet environnement institutionnel.

Shiller tente douloureusement de rattacher son approche discursive de la recherche à une direction de la discipline économique déjà acceptée. Une telle direction acceptée est certainement devenue l'économie comportementale, mais l'inconvénient pour Shiller était que l'économie comportementale de Kahneman-Tversky-Thaler n'étudie pas les récits. La seule chose qui unit cette économie comportementale avec l'approche de Shiller est la négation de la rationalité du comportement des acteurs. Plus tard, il a tenté d'attacher son économie narrative à la neuro-économie (Shiller, 2018), mais l'inconvénient du manque d'intérêt des adeptes de la neuro-économie pour les récits a laissé cette tentative sans conséquences, et dans son livre (Shiller, 2019), la neuro-économie n'est pas mentionnée du tout. Par contre la neuroscience est mentionnée sept fois dans ce livre. Ceci est compréhensible, car l'intérêt des neurosciences pour les récits narratifs existe clairement (Armstrong, 2020).

Dans l'annexe à mon livre « La science économique en question : autres méthodologie, histoire et pratiques de recherche » (Yefimov, 2016b), je présente une longue liste des ouvrages consacrés aux méthodes qualitatives qui peuvent être utilisées dans l'analyse des discours. Les règles et les croyances ne peuvent être étudiées que par des méthodes qualitatives (Denzin, Lincoln, 2005 ; Paillé et Mucchielli. 2005 ; Paillé, 2006), et non pas par les méthodes quantitatives. Shiller, dans son livre *Narrative Economics* indique à bien des égards à peu près les mêmes méthodes : « [L]es efforts de collecte de données pourraient inclure les éléments suivants :

1. Des interviews ciblées régulières des répondants les invitant à parler de manière expansive et à raconter des histoires en réponse à des questions qui stimulent l'exposé de ces histoires liées à leurs décisions économiques. Les instructions demanderaient aux répondants de raconter une histoire intéressante ou suggérant des causes dans l'environnement actuel. C'est l'écoute comme méthode de recherche prônée par Charlene Callahan et Catherine S. Elliott et la recherche qualitative prônée par Michael Piore <...>

2. Des groupes de discussion réguliers avec les membres de différents groupes socio-économiques pour susciter des conversations réelles sur les récits économiques. Un groupe de discussion est une interview ciblée réalisée avec un groupe de personnes <...>

3. Une base de données historiques des groupes de discussion menés à d'autres fins au cours des années passées » (Shiller, 2019, 281, 282, 284).

En étant d'accord avec l'esprit de ces déclarations de Robert Shiller, je voudrais citer ici la traduction d'un extrait de mon livre publié en russe en 2016 : « John Commons lui-même a souligné dans son livre 'Economie Institutionnelle', que pour lui, le pragmatisme d'une part suggère le sujet de la science économique et, d'autre part lui donne une méthode de recherche (Commons, 1990, 150, 151, 157). Cette méthode implique une approche expérimentale de la recherche, c'est-à-dire un contact direct avec le sujet étudié, les institutions et les convictions-croyances qui leur sont directement associées.

Ce contact direct peut être réalisé par le chercheur en examinant divers documents, y compris des textes portant sur des règles formelles (lois, décrets, règlements, etc.), des textes reflétant des croyances (programmes de partis politiques, d'associations, textes de discours de dirigeants politiques, etc.). Cependant, une grande partie de l'information ne peut uniquement être obtenue que directement auprès des acteurs. Dans ce cas, le contact direct avec les règles et les convictions-croyances se fait par le contact direct avec les acteurs, en tant que porteurs de ces règles et convictions-croyances, le contact sous la forme de conversations-entretiens[56], l'observation participante[57], la recherche action[58] et tout cela dans le cadre d'études de cas[59]. Toutes ces méthodes visent à combler l'écart cognitif entre les scientifiques et les acteurs et, dans un sens, à élargir les communautés de chercheurs en y incluant les acteurs. Afin de saisir le sens des événements observés, de comprendre les croyances et les règles informelles des acteurs, les entretiens doivent être actifs, c'est-à-dire prendre en quelque sorte la forme de discussions par *brainstorming*. L'un des chercheurs de l'institutionnalisme américain affirme que l'économie institutionnelle originelle (« ancienne ») « reposait sur une méthode comparative développée par les

[56] Ces conversations-entretiens prennent la forme d'entretiens compréhensifs (Kaufman, 2004) et parfois de récits de vie (Bertaux, 1997).

[57] L'observation participante implique la participation du chercheur aux activités des sujets étudiés.

[58] La recherche action diffère de l'observation participante principalement en ce que le chercheur participe non seulement aux activités des sujets étudiés, mais tente également avec eux de changer quelque chose dans cette activité.

[59] Commons a activement réalisé des études de cas spécifiques du passé, portant notamment sur les litiges économiques (Commons, 1995) et du présent, par exemple, les conflits de travail aux États-Unis.

anthropologues », qui est utilisée par les institutionnalistes en effectuant des études de cas, des études de terrain (*field studies*), y compris par observation participante. Dans l'ensemble, il caractérise la méthode de l'économie institutionnelle originelle comme une méthode historique critique (Stanfield, 1999, 236, 237). L'historien de l'institutionnalisme originel, Malcolm Rutherford, explique dans ses travaux comment cela a été réalisé dans la pratique par les chercheurs appartenant à cette école (Rutherford, 2006 ; 2011a ; 2011b). Aux méthodes susmentionnées, il faudrait ajouter la méthode ethnographique, la méthode de l'histoire de vie (*life history*) et enfin la dernière, mais qui est loin d'être la dernière en importance, la théorisation ancrée (*Grounded Theory*). C'est en raison de l'importance particulière de la théorisation ancrée pour le développement de l'économie institutionnelle interprétative que nous décrivons ici brièvement son mode opératoire <...> Pourquoi la théorisation plutôt que la théorie ? Parce que la théorisation ancrée n'est pas une théorie, mais un mode opératoire. Ce mode opératoire de recherche sociale va de la collecte de données qualitatives et de leur analyse à la construction sur la base de cette analyse de la théorie 'ancrée', ou mieux dit 'enracinée' dans ces données elles-mêmes. 'De cette façon, les données forment la base, la fondation (*foundation*) de notre théorie, et notre analyse de ces données génère (*generates*) les concepts que nous construisons' (Charmaz, 2006, 2). Comme pour toute recherche qualitative, en utilisant ce mode opératoire, nous devons être très ouverts à la réception et à l'analyse de toute information concernant l'objet de notre étude. Ainsi, en nous entretenant avec les acteurs, nous devons leur donner l'occasion de parler, dans le cadre du thème étudié, sur ce qu'ils croient significatif dans ce thème, et à l'occasion, très doucement, de les guider par nos questions et remarques. Le plus important est qu'ils soient intéressés à partager leurs informations avec vous, ce qui peut être réalisé si la conversation n'est pas une interview de type question-réponse, mais plutôt une discussion sur un sujet, bien que des questions pré-préparées puissent être posées de temps en temps. Nous choisissons les acteurs pour 'l'interview' non pas par hasard, mais directionnellement, à savoir ceux qui participent directement à l'activité étudiée et qui sont en mesure de nous fournir des informations précieuses sur ce sujet. L''échantillonnage', théoriquement, se poursuit tant que nous obtenons de nouvelles informations précieuses pour nous. Mon expérience personnelle montre que la 'saturation' (c'est-à-dire lorsque nous ne recevons pas de nouvelles informations en changeant les interlocuteurs lors de conversations avec des acteurs du même type) vient assez rapidement. Les conversations doivent être enregistrées sur un enregistreur vocal. Il est également obligatoire de déchiffrer ces enregistrements, c'est-à-dire de mettre par écrit ces conversations ou d'en faire des 'comptes rendus'. Les comptes rendus ainsi que les documents recueillis sont soigneusement lus et analysés. Dans chaque compte rendu et document, des morceaux homogènes sont mis en évidence, qui sont marqués par nous en tant que tels, c'est-à-dire codés. Les morceaux sont mis en évidence en comparant les différentes parties des textes, puis les morceaux eux-mêmes sont comparés les uns aux autres, c'est-à-dire que l'on peut dire que la théorisation ancrée applique une méthode comparative : 'En effectuant et codant de nombreuses comparaisons, notre compréhension analytique des données commence à prendre forme. Nous écrivons des notes analytiques préliminaires appelées mémos à propos de nos codes et comparaisons, et toutes autres idées qui nous viennent à l'esprit à propos de nos données. En étudiant ces données, en les comparant et en rédigeant des mémos, nous définissons les idées qui correspondent le mieux et interprètent les données, et deviennent des catégories analytiques provisoires. Quand des questions inévitables se posent et des lacunes apparaissent dans nos catégories, nous recherchons des données qui répondent à ces questions et peuvent combler les lacunes <...> Au fur et à mesure que nous avançons, nos catégories non seulement fusionnent à mesure que nous interprétons les données collectées, mais aussi les catégories deviennent plus théoriques car nous nous engageons dans des niveaux d'analyse successifs. Nos catégories analytiques et les relations que nous établissons entre elles fournissent une compréhension conceptuelle sur l'expérience étudiée. Ainsi, nous construisons des niveaux d'abstraction directement des données et, par la suite, nous collectons des données supplémentaires pour vérifier et affiner nos catégories analytiques émergentes. Notre travail culmine dans une 'théorie ancrée', ou 'une compréhension théorique abstraite de l'expérience étudiée' (Charmaz, 2006, 3 – 4)[60] » (Yefimov, 2016b, 37 – 40).

En ce qui concerne l'utilisation de la méthode de groupes de discussion (*focus group*) (Attal-Vidal, Iribarne, 2012), des interviews ciblées réalisées avec un groupe de personnes sont souvent effectuées sur la base d'études de cas ; cependant, la conduite de ces interviews peut également être menée sur la base des modèles de simulation qui reproduisent dans les conditions de laboratoire les flux matériels et monétaires. Dans ce cas, les groupes de discussion se déroulent sous la forme

[60] Actuellement, la deuxième édition élargie de ce livre est disponible (Charmaz, 2014).

d'expériences institutionnelles de laboratoire basées sur les jeux de simulation[61] (Yefimov, 1981).

Ce qui sépare mon économie discursive de l'économie narrative de Shiller en tant que paradigmes de recherche, n'est pas une différence de méthode de collecte d'informations, mais *des directions différentes des objectifs d'utilisation des résultats de l'analyse.*

L'économie discursive, suivant la tradition de l'institutionnalisme originel, fonde son analyse sur l'ensemble des discours et des textes, d'où l'on peut puiser les règles de comportement des acteurs en vigueur dans la société. Parmi ces textes, les textes de lois et de règlements jouent un rôle très important, mais l'économie narrative de Shiller ne s'y intéresse pas du tout. John Commons a consacré un livre entier à l'analyse des décisions des tribunaux américains en matière économique (Commons, 1995). Dans mon livre de 2003, j'analyse en particulier la dynamique de la législation agraire en Russie sur plusieurs siècles. Mon analyse de la législation était étroitement liée à l'analyse des discours des acteurs qui montraient les origines de la législation étudiée, ainsi que les règles informelles et les convictions/croyances qui y étaient étroitement liées. Dans le cadre de la méthodologie de l'institutionnalisme originel, l'analyse des lois et règlements se réalise avec l'objectif de leurs corrections et ajouts, ou même de leur changement total. L'analyse des textes dans l'économie

---

[61] De telles expériences sont radicalement différentes des expériences de laboratoire de l'économie expérimentale néoclassique de Vernon Smith, car elles représentent en réalité des *focus groups* spécifiques. Les discussions durant les séances des jeux de simulation ne se passent pas seulement sur l'expérience précédente des participants par rapport au début de ces séances, mais également sur l'expérience obtenue pendant les séances car les joueurs participants reçoivent régulièrement les *feedbacks* de leurs décisions durant les séances.

narrative de Shiller n'est pas effectuée dans le but de modifier la législation, mais dans le but de trouver des moyens d'influencer la psychologie des gens, et ici il s'appuie sur les idées de Richard H. Thaler et Cass R. Sunstein. C'est la vision *des problèmes générés par l'ordre social monétaire* dans les failles des processus de pensée des gens et le désir de trouver des moyens d'influencer leur psychologie qui unissent l'économie narrative de Shiller et l'économie comportementale de Kahneman, Tversky et Richard Thaler.

Voici ce que Shiller écrit à propos des idées de Thaler et Sunstein. : « Une importante innovation largement répandue est la création de cellules de réflexion (*think tanks*) économiques intéressées à créer des politiques basées sur les idées de l'économie comportementale. Ces cellules de réflexion ont été appelées 'cellules coup de pouce' (*nudge units*), suivant l'exemple de l'équipe *Behavioral Insights* dans le gouvernement britannique en 2010. En s'appuyant sur les idées popularisées par Richard Thaler et Cass Sunstein dans leur livre *Nudge: Improving Decisions about Health, Wealth, and Happiness* [62](2008), ces unités tentent de remanier les institutions gouvernementales afin de 'donner des coups de pouce' aux gens pour les éloigner de leur comportement irrationnel sans les forcer. Selon l'Organisation de Coopération et de Développement Economiques, il existe maintenant près de deux cents unités de ce type dans le monde. Je plaide pour formaliser certains essais intuitifs que les dirigeants nationaux utilisent déjà pour reconnaître et maitriser les récits économiques changeants. Les dirigeants doivent pencher contre les récits faux ou trompeurs et établir une autorité morale contre ces récits. Leur première étape consiste à comprendre la dynamique

[62] Ce livre a été traduit en Français sous le titre « Nudge. Comment inspirer la bonne décision » (Thaler, Sunstein, 2010).

des récits. Leur deuxième étape consiste à concevoir des actions politiques qui tiennent compte des épidémies narratives. Les décideurs politiques devraient essayer de créer et de diffuser des contre-récits qui établissent un comportement économique plus rationnel et plus axé sur l'intérêt public. Même si les contre-récits sont plus lents à prendre effet qu'un récit destructeur plus contagieux, ils peuvent finalement être correctifs » (Shiller, 2019, 278). Les idées de l'économie comportementale dont parle Shiller mettent l'accent sur la capacité limitée des gens à se comporter rationnellement et à concevoir correctement la réalité. Thaler et Sunstein préconise de les aider en utilisant ce qu'il appelle 'l'architecture du choix, la méthode douce et le paternalisme libertaire'.

A vrai dire, ces trois notions n'apportent rien de nouveau ; dans le domaine politique cela s'appelle la propagande et dans le domaine économique, cela s'appelle la manipulation. L'histoire ancienne ou récente nous en apporte de nombreux exemples.

Dans son livre *Narrative Economics*, Shiller mentionne Irving Fisher comme témoin et participant à la crise de 1929 : « Les histoires contagieuses sont en grande partie créatives et innovantes, pas simplement en réaction logique aux événements économiques <…> Le processus est à bien des égards un événement aléatoire, comme la mutation d'un microbe tel qu'une bactérie ou un virus. Une célébrité, par exemple, peut exprimer de manière désinvolte une phrase colorée. C'est ce qui s'est passé le 15 octobre 1929, deux semaines avant le krach de 1929, lorsque le célèbre professeur Irving Fisher de Yale, dans un discours devant l'association newyorkaise *Purchasing Agents Association*, a déclaré que le marché boursier américain avait atteint un 'plateau durablement élevé'. Les journaux ont repris cette nouvelle phrase colorée dans les deux jours qui ont suivi. Cette phrase spectaculairement inappropriée et ironique est devenue une épidémie, affectant probablement la durée de la débâcle du marché, et on s'en souvient encore largement aujourd'hui. En fait, ces trois mots sont plus célèbres aujourd'hui qu'aucun des titres des livres que Fisher a passé des années à écrire » (Ibid., 75).

Il est dommage que Shiller qui a consacré de nombreuses pages de son livre *Narrative Economics* à la crise qui a commencé en 1929, ne parle d'Irving Fisher qu'en tant qu'auteur de la phrase mentionnée ci-dessus[63]. Mervyn King, que j'ai déjà largement cité ci-dessus, dans son livre *The End of Alchemy*, lie l'effondrement de 1929 et Fisher d'une manière très différente : « Même si le degré d'alchimie du système bancaire était beaucoup moins élevé il y a cinquante ans ou plus qu'il ne l'est aujourd'hui, il est intéressant de constater que nombre des économistes les plus éminents de la première moitié du 20ème siècle croyaient en l'obligation pour les banques de détenir suffisamment d'actifs liquides comme réserves pour rembourser 100% de leurs dépôts. Ils ont recommandé de mettre fin au système bancaire 'des réserves fractionnaires', en vertu duquel les banques créent des dépôts pour financer des prêts risqués et disposent donc de réserves insuffisantes de liquidités sûres pour cautionner leurs dépôts. L'élimination du système bancaire 'des réserves fractionnaires' était une proposition présentée en 1933 sous le nom de 'Plan de Chicago'. Les partisans de ce plan comprenaient le brillant théoricien monétaire américain Irving Fisher et un groupe d'économistes

---

[63] On voit ici l'expression de la dissonance cognitive de Robert Shiller qui a bien remarqué une phrase de Fisher et ignore les travaux de fin de carrière de ce dernier dans lesquels il expose les vraies racines de la crise et donne des propositions concrètes de changement des institutions de la monnaie et des banques pour éviter ce type de crises dans le futur.

distingués de Chicago tels que Frank Knight, Henry Simons et Paul Douglas » (King, 2016, 261-262).

Voici comment Mervyn King évalue les propositions d'Irving Fisher et d'autres partisans du Plan de Chicago : « Le grand avantage des réformes telles que le Plan de Chicago est que la ruée bancaire et l'instabilité qu'elle crée disparaîtraient en tant que source de fragilité. Le plan de Chicago rompt le lien entre la création de la monnaie et la création de crédit. Les prêts à l'économie réelle seraient consentis par de grandes banques et financés par leurs fonds propres ou des dettes à long terme, et non par la création de monnaie. La monnaie redeviendrait un véritable bien public avec son offre déterminée par le gouvernement ou la Banque Centrale. Les gouvernements n'auraient pas à lutter contre les fluctuations de la création ou de la destruction de monnaie qui se produisent automatiquement aujourd'hui lorsque les banques décident d'étendre ou de contracter du crédit. C'est la forte baisse du crédit et de la monnaie après 2008 qui a conduit à l'expansion massive de la monnaie via l'assouplissement quantitatif. Comme l'a dit Irving Fisher 'Nous pourrions laisser les banques libres… de prêter de l'argent à leur guise, à condition de ne plus leur permettre de fabriquer l'argent qu'elles prêtent… En bref : nationaliser l'argent mais ne pas nationaliser les banques' » (Ibid., 263). La phrase d'Irving Fisher cité par King est extraite de l'ouvrage de Fisher *100% Money and public Debt* publié pour la première fois en 1936 (Fisher, 2009, 15)[64].

King pose ensuite la question : « Alors pourquoi l'idée n'a-t-elle pas été mise en œuvre ? » et il répond lui-même : « Une explication est que cela éliminerait la subvention implicite aux banques qui provient de la nature de la plupart des banques qui sont 'trop importantes pour faire

---

[64] Il y a une traduction française d'un autre livre d'I. Fisher à ce sujet (Fisher, 2019).

faillite'. Les banques feront un lobbying acharné contre une telle réforme. Pour protéger le système de paiement, aussi crucial pour le fonctionnement quotidien de l'économie que l'électricité l'est pour notre vie quotidienne, les gouvernements garantiront toujours la valeur des comptes bancaires utilisés pour effectuer les paiements, et il est donc dans l'intérêt des banques de trouver des moyens de placer des actifs risqués au même bilan que les dépôts[65] » (King, 2016, 263-264). C'est sans doute pour cette raison que le référendum en Suisse de 2018 sur le transfert de l'intégralité de l'émission de la monnaie, y compris électronique, à la Banque Centrale, n'a pas été suivi de résultats.

--oOo--

La figure d'Irving Fisher est très précieuse pour illustrer les idées exposées dans le présent livre. Sa biographie n'était pas tout à fait standard pour l'économiste américain universitaire de la fin du 19ème et de la première moitié du 20ème siècle. Mark Blaug (Blaug, 1986, 77 - 81) et Joseph Schumpeter (Schumpeter, 2003, 222 – 238) ont inclus Irving Fisher dans leurs collections d'essais biographiques des « grands économistes », mais les deux ont refusé de considérer ses activités pour promouvoir le projet « 100% monnaie ». Blaug a commencé son essai avec les mots suivants : « Irving Fisher était l'un des plus grands et sans aucun doute l'un des plus brillants économistes américains à avoir jamais existé » (Blaug,

---

[65] 'One explanation is that it would eliminate the implicit subsidy to banking that results from the 'too important to fail' nature of most banks. Banks will lobby hard against such a reform. To protect the system of making payments, as crucial to the daily functioning of the economy as electricity is to our daily lives, governments will always guarantee the value of bank accounts used to make payments, and it is therefore in the interest of banks to find ways of putting risky assets on to the same balance sheet as deposits'.

1986, 77). À la fin de cet essai, il nuance quelque peu cette évaluation : « son énorme influence parmi les économistes américains professionnels (sans parler de sa fortune personnelle) s'est effondrée en 1929 : non seulement il n'a pas réussi à prédire l'effondrement de Wall Street, mais il a continué à affirmer mois après mois que la reprise d'un nouveau boom était au coin de la rue » (Ibid., 80). Le fait est que Fisher a commencé sa carrière à Yale en tant que professeur de mathématiques, après avoir soutenu en 1891 sa thèse intitulée « Etudes mathématiques sur la théorie de la valeur et des prix ». Bien que les économistes qualifient cette thèse comme thèse en économie, « il serait plus juste de dire que cette thèse était dans le domaine des mathématiques appliquées » (Allen, 1993a, 53). Pendant un an, il enseigne la géométrie et la trigonométrie, ainsi que la mécanique et l'astronomie (Ibid., 58), occupant un poste temporaire, mais subitement en 1895, un poste permanent d'assistant a été ouvert à la faculté d'économie, et Fischer s'est empressé de présenter sa candidature (Ibid., 68). Après trois ans de travail dans cette faculté, à l'âge de 31 ans, il est devenu professeur à temps plein (Ibid., 74), poste qu'il occupa jusqu'en 1935, année de sa retraite.

Son erreur dans la prévision et le développement de la crise, ainsi que la perte de plusieurs millions de dollars de ses propres économies à cause de cette crise, ont apparemment conduit Fisher à s'éloigner des abstractions a priori de ses œuvres précédentes, y compris de son célèbre livre « Le pouvoir d'achat de la monnaie » (Fisher, 1926), et à commencer à étudier la réalité, comme en témoigne son travail intitulé *Booms and Depressions: Some First Principles* (Fisher, 1932). Tout cela a conduit à sa vive activité dans le développement et la promotion du projet « 100% monnaie ». Notez que son livre sur le sujet a été publié l'année qui a suivi sa retraite. Entre 1933 et 1939, Irving Fisher a envoyé une centaine de lettres au Président

Roosevelt et a reçu 25 lettres de celui-ci en réponse. En outre, entre 1933 et 1936, ils ont eu sept rencontres personnelles (Allen, 1993a, 252). Cependant, le projet « 100% monnaie » n'a pas été accepté par le Président Roosevelt. Au lieu d'éliminer le système d'émission de la monnaie par les banques privées, Roosevelt a mis en place un système de garantie bancaire des dépôts par l'Etat, et par conséquent l'Etat a pris en charge la responsabilité des crises causées par la production privée de la monnaie. Ce comportement du Président Roosevelt peut apparemment être expliqué par une phrase de la lettre de Fischer adressé à son fils en 1935 : « le Président a peur des banquiers »[66] (Allen, 1993b, 710).

J'ai indiqué ci-dessus que la figure d'Irving Fisher est très précieuse pour illustrer les idées exposées dans le présent livre. Et vraiment, quelle peut être l'interprétation naturelle de la brève description de la biographie professionnelle d'Irwin Fisher qui vient d'être exposée ci-dessus? Professeur de mathématiques, ayant soutenu sa thèse en mathématiques appliquées, néanmoins Fisher fait rapidement sa carrière en tant qu'économiste théoricien grâce à la grande demande d'économistes maîtrisant bien les mathématiques à cause des changements dans la profession résultant de la révolution marginaliste. Travaillant dans le cadre des abstractions traditionnelles pour les économistes qui ne permettent pas de comprendre la réalité économique, Fisher ne pouvait pas prévoir l'effondrement de 1929, tout comme les économistes modernes ne pouvaient pas prévoir l'éclatement de la bulle immobilière en 2007. Pourtant après le krach de 1929, Fisher a commencé à faire des efforts pour comprendre la réalité, y compris la nature de la monnaie. En s'éloignant complètement de ses vues antérieures sur la monnaie, il a

---

[66] "The president is afraid of the bankers".

compris les racines de l'effondrement du système bancaire, et il est venu au projet « 100% monnaie ». Ce projet était ignoré et par la communauté des économistes - ce qui continue à avoir lieu - et par le gouvernement, qui sont en fin de compte dépendants des banquiers dans le cadre de l'ordre social monétaire.

John Commons, fondateur le plus pertinent de l'institutionnalisme originel, comprenait la nature de la monnaie aussi bien que Fisher. Dans ses vues sur la monnaie, Commons s'est appuyé sur les idées de Henry MacLeod, qu'il a appelé l'initiateur (*originator*) de l'économie institutionnelle (Commons, 1990, 399). Commons a défini la monnaie comme suit : « La monnaie dans son sens moderne est l'institution sociale de la création, de la négociabilité et de la libération des dettes découlant des transactions. <...> Ainsi, la monnaie est secondairement un moyen d'échange - c'est avant tout un moyen social de créer, de transférer et d'éteindre des dettes. Mais si, en tant qu'institution sociale, chaque transaction de prêt crée sa propre monnaie <...> alors, la définition de la monnaie doit être convertie de l'idée statique d'une quantité à l'idée dynamique d'un processus. Le processus consiste en des milliards de transactions de négociation, avec les banquiers comme participants »[67] (Ibid., 513). Cette compréhension de la nature de la monnaie manque clairement à Robert Shiller.

---

[67] "Money in its modern meaning is the social institution of the creation, negotiability, and release of debts arising out of transactions. <...> Thus money is secondarily a medium of exchange - it is primarily a social means of creating, transferring, and extinguishing debts. But if, as a social institution, each loan transaction creates its own money <...> then, the definition of money should be converted from the static idea of a quantity to the dynamic idea of a process. The process is the billions of bargaining transactions, with the bankers as participants".

--oOo--

Comment appeler le tournant linguistique dans la discipline économique : économie narrative ou économie discursive ? Cela n'a pas beaucoup d'importance, mais ce qui compte, c'est *l'objectif de la collecte d'informations et l'utilisation des résultats de son analyse*. Le sujet de la recherche dans l'économie discursive est l'ensemble des discours et des textes, d'où vous pouvez puiser les règles de comportement des acteurs dans la société. Ces règles sont analysées dans l'objectif de comprendre les phénomènes économiques et de les corriger, voire de les modifier complètement. Le sujet de la recherche en économie narrative est la diffusion d'idées par le bouche à oreille sous forme d'histoires et les efforts que les gens déploient pour créer de nouvelles histoires qui se propagent avec succès. L'objectif de l'étude est de comprendre comment cette propagation affecte les événements économiques. L'objectif d'étudier les règles dans lesquelles les idées se propagent, et la tâche de changer ces règles, ne sont pas posées dans l'économie narrative de Robert Shiller. Cette différence des objectifs est étroitement liée avec la différence dans les deux versions de justification du tournant linguistique, celle de Shiller et la mienne.

Pour devenir socialement utile, la profession des économistes universitaires doit revenir au programme de l'institutionnalisme originel : « Les éléments centraux de l'‘approche institutionnelle’ décrits ici – [c'est-à-dire] l'adoption du point central sur les institutions, les processus, le contrôle social, les nouveaux fondements psychologiques et les investigations ‘scientifiques’ empiriques et instrumentales - servent de point de référence pour identifier le mouvement et ses adhérents. De plus, cet ensemble d'engagements intellectuels, et en particulier la combinaison de l'idéal de la 'science' avec l'idéal du 'contrôle social', ont produit un programme d'un attrait considérable. Selon les mots de Hamilton, ce que l'institutionnalisme offrait était 'une invitation à l'étude détaillée' et la participation à 'la direction intelligente du changement social' » (Rutherford, 2011b, 27).

La science économique doit fournir à la société des connaissances sur les processus socio-économiques fondées sur leur monitoring constant ; les informations recueillies sont en grande partie qualitatives et non quantitatives. Un tel monitoring sera inévitablement un monitoring institutionnel. L'économie discursive, dont l'objectif est le monitoring et l'analyse institutionnels, doit être immergée dans la démocratie discursive (Dryzek, 1990), qui est souvent appelée démocratie délibérative (Girard, Le Goff, 2010 ; Cavalier, 2011). C'est au sein de la démocratie délibérative que le contrôle social sera effectué. Un élément très important mais non unique du contrôle social est l'activité législative. Sans démocratie discursive (délibérative), il n'y a pas de demande d'économie discursive, car sans la première, il n'y a pas de public organisé, qui devrait être le principal bénéficiaire (« consommateur ») des recherches des « économistes discursifs ». Sans démocratie discursive (délibérative), il n'y a pas d'offre d'envergure de recherche des « économistes discursifs », car ils n'auront pas la possibilité de mener leurs recherches, enquêtes, et investigations, et mon expérience personnelle prouve très nettement cette affirmation : dans les démocraties actuelles, le chercheur n'a pas d'accès aux informations nécessaires pour une recherche discursive. Ni l'économie discursive, ni la démocratie discursive (délibérative), ne sont possibles sans l'éthique de la discussion[68]. Par

[68] Karl-Otto Appel a développé sa conception de *l'éthique de la discussion*, dont les principes normatifs sont les suivants :

conséquent, les éléments de la « troïka », économie discursive, démocratie discursive (délibérative) et éthique de la discussion, ne peuvent exister qu'ensemble.

Tous les éléments de la troïka discursive sont les instruments de travail pour l'abandon par la société de l'ordre social monétaire. La condition préalable à un tel abandon est l'arrêt de la production de la monnaie par les banques privées et le passage à la « monnaie souveraine ». Le concept de monnaie souveraine est examiné en détail dans le livre de Josef Huber (Huber, 2017). Voici ce qu'il écrit à ce sujet : « La monnaie souveraine est un moyen de paiement légal entièrement valide, qu'il s'agisse d'espèces ou non, ce dernier type de monnaie figurant sur des comptes bancaires ainsi que sur des applications de téléphone mobile de stockage d'argent. Les pièces ont toujours été de la monnaie souveraine. Les billets de banque sont devenus souverains il y a 120 à 180 ans [suivant les pays]. Aujourd'hui, la partie la plus importante et la plus établie de la masse monétaire est la monnaie figurant sur les comptes bancaires (la monnaie-de-

---

« 1° Tous les partenaires possibles de discussion doivent se reconnaître les uns les autres comme pourvus de *droits égaux* à représenter leurs intérêts par des arguments.

2° Tous les partenaires possibles de discussion sont supposés porter une *égale co-responsabilité* dans l'identification et la solution des problèmes du monde de la vie au moyen du discours argumentatif <…>

3° Si le besoin survient de résoudre des problèmes *moraux* par le discours argumentatif, alors, autant qu'il est possible, des *discussions pratiques* doivent être mises en œuvre. Il s'agit là de discussions qui, conformément aux deux premières normes fondamentales (celles de la solidarité discursive) et à la *postulation générale de consensus du discours argumentatif*, se trouvent soumises au principe régulateur suivant : doivent être établies les normes matérielles qui, au cas où elles sont suivies de façon générale, auront probablement des conséquences acceptables par toutes les personnes concernées » (Apel, 2001, 70 – 71).

compte). L'introduction de la monnaie souveraine sur comptes accomplit aujourd'hui avec la monnaie-de-compte ce qui a été réalisé avec les billets de banque privés au 19ème siècle. Les billets émis par les banques ont été progressivement supprimés et remplacés par les billets de la banque centrale. Aujourd'hui, il s'agit de remplacer la monnaie bancaire sur compte et la monnaie électronique émis par des banques par de la monnaie souveraine sur compte et de la monnaie numérique souveraine <...> L'ensemble du stock de monnaie souveraine serait créé et émis par un organisme d'État indépendant et impartial. Dans la plupart des pays, il s'agirait de la banque centrale nationale » (Ibid., 144).

Dans le cas du transfert de la pleine autorité à la Banque centrale pour l'émission de la monnaie, la monnaie n'est vraiment souveraine que si la politique de la banque centrale est déterminée par des procédures démocratiques dans lesquelles le rôle du public sera décisif, et si les activités de la banque centrale seront sous le contrôle social constant de ce public. Le système de gouvernement parlementaire-présidentiel actuel ne peut pas assurer ce type de contrôle. Pour une véritable souveraineté de la monnaie, le peuple, c'est-à-dire le souverain (pouvoir suprême) prescrit dans la constitution, et sa partie la plus active - le public - doit avoir accès à la gestion des flux monétaires. Cela ne peut être assuré qu'avec un système développé de démocratie délibérative, qui devrait compléter la démocratie représentative et y pénétrer dans tous ses pores.

Bibliographie

Aglietta M., Valla N. 2021. *Le Futur de la monnaie.* Paris : Odile Jacob.
Aglietta M. et al. 2010. *Les Hedge Funds. Entrepreneurs ou requins de la finance ?* Paris : Perrin.
Akerlof G., Shiller R.J. 2009. *Animal Spirits: How Human Psychology Drives the Economy, and Why It Matters for Global Capitalism.* Princeton and Oxford: Princeton University Press.
Akerlof G., Shiller R.J. 2013. *Les esprits animaux. Comment les forces psychologiques mènent les finances et l'économie.* Paris : Flammarion.
Akerlof G., Kranton R. 2010. *Identity Economics: How Our Identities Shape Our Work, Wages, and Well-Being.* Princeton and Oxford: Princeton University Press.
Allen R.L. 1993a. *Irving Fisher. A Biography.* Cambridge, MA & Oxford, UK: Blackwell.
Allen R.L. 1993b. Irving Fisher and 100 percent reserve proposal. *Journal of Law and Economics,* 36(2): 703-717.
Angresano J. 2016. *A Corporate Welfare Economy.* New York: Routledge.
Apel K.-O. 2001. *La réponse de l'éthique de la discussion au défi moral de la situation humaine comme telle et spécialement aujourd'hui.* Louvain-Paris : Editions Peeters
Armstrong P.B. 2020. *Stories and the Brain. The Neuroscience of Narrative.* Baltimore: Johns Hopkins University Press.
Attal-Vidal Ch., Iribarne P. 2012. *Focus groups : mode d'emploi.* La Plaine Saint-Denis : Afnor.
Audier S. 2021. *Le Colloque Lippmann. Aux origines du néo-libéralisme.* Lormont : Le Bord de l'Eau.
Barbier R. 1996. *La recherche action.* Paris : Anthropos.
Bateman B.W. 1998. Clearing the Ground: The Demise of the Social Gospel Movement and the Rise of

Neoclassicism in American Economics. In Morgan M.S., Rutherford M. (sous la direction de), *From Interwar Pluralism to Postwar Neoclassicism.* Durham and London: Duke University Press: 29 –52.
Baudin L. 1953. *L'aube d'un nouveau libéralisme*. Paris : Editions M.-Th. Génin. Librairie de Médicis.
Bazzoli L. 1999. *L'économie politique de John R. Commons. Essai sur l'institutionnalisme en sciences sociales,* Paris : L'Harmattan.
Bazzoli L., Dutraive V. 2006. Fondements pragmatistes de l'institutionnalisme en Économie. Théorie de la connaissance et théorie de l'action chez Veblen et Commons, *Revue de Philosophie Économique*, 1(13).
Bazzoli L., Dutraive V. 2010. La démocratie comme fondement institutionnel d'un « capitalisme raisonnable » : lecture croisée de J.R. Commons et J. Dewey. In *XIIIe colloque Charles Gide, Les institutions dans la pensée économique.* Paris, du 27 au 29 mai.
Beard Ch. 1913. *An Economic Interpretation of the Constitution of the United States.* New York: The Macmillan Company.
Berger P., Luckmann Th. 2012. *La construction sociale de la réalité.* Paris : Armand Colin.
Bertaux, D. 1997. *Les récits de vie.* Paris : Nathan.
Bewley T. F. 1999. *Why Wages Don't Fall during a Recession.* Cambridge, Massachusetts; London, England: Harvard University Press.
Bhaskar R. 2008. *A Realist Theory of Science.* London and New York: Verso.
Billig M. 2009. La psychologie discursive, la rhétorique et la question de l'agentivité. Semen, 27(1): 157-183.
Blaug M. 1986. *Great Economists before Keynes.* London: Whitesheaf Books Ltd.
Blaug M. 1994. Why I am not a Constructivist. Confessions of an Unrepentant Popperian. In Backhouse

R. E. (ed.). *New Directions in Economic Methodology.* London: Routledge: 111–139.
Bloor D. 1997. *Wittgenstein, Rules and Institutions.* London; New York: Routledge.
Blumer H. 1969. *Symbolic Interactionism. Perspective and Method.* Englewood cliffs, New Jersey: Prentice-Hall.
Boisguilbert P. 1966. Le Détail de la France. La cause de la diminution de ses biens, et la facilité du remède, en fournissant en un mois tout l'argent dont le Roi a besoin, et enrichissant tout le monde. In *Pierre de Boisguilbert ou la naissance de l'économie politique,* volume 2. Paris : INED : 581 - 662.
Bourbaki N. 1970. *Théorie des ensembles.* Paris : Hermann.
Brockmier J., Harré R. 1997. Narrative: Problems and Promises of an Alternative Paradigm. *Research on Language and Social Interaction.* 30(4): 263-283
Bryant A., Charmaz K. 2019. *The Sage Handbook of Current Developments in Grounded Theory.* London: Sage Publications.
Burtt E. A. 2003. *The Metaphysical Foundations of Modern Science.* New York: Dover Publications.
Bush P. D. 1993. The Methodology of Institutional Economics: A Pragmatic Instrumentalist Perspective. In: Tool M. R. (ed.). *Institutional Economics: Theory, Method, Policy.* Boston; Dordrecht; London: Kluwer Academic Publishers: 59–118.
Carlson M. J. 1997. Mirowski's Thesis and the "Integrability Problem" in Neoclassical Economics. *Journal of Economic Issues.* 31(3) : 741–760.
Cavalier R. (Ed.). 2011. *Approaching Deliberative Democracy. Theory and Practice.* Pittsburgh: Carnegie Mellon University Press.

Charle Ch., Verger J. 2007. *Histoire des universités*. Paris : PUF.
Charmaz K. 2006. *Constructing Grounded Theory.* London: SAGE Publications Ltd.
Charmaz K. 2014. *Constructing Grounded Theory. 2nd Edition*. London: SAGE Publications Ltd.
Coats A. W. 1993. *The Sociology and Professionalization of Economics. British and American Economic Essays*. Vol. 2. London and New York: Routledge.
Cartron M.B. 2005. *Juillet 1830. La Deuxième Révolution Française.* Paris : Editions Artena.
Commons J.R. 1919. *Industrial Goodwill.* New York: McGraw Hill Book Company.
Commons J.R. 1990. *Institutional Economics. Its Place in Political Economy.* New Brunswick: Transaction Publishers.
Commons J.R. 1995. *Legal Foundations of Capitalism.* New Brunswick: Transaction Publishers.
Commons J.R. 2001. "Institutional economics" The American economic review 1931, vol. XXI, n° 4, pp. 648-657. *Cahiers d'économie politique*. N° 40-41 : 287 – 296.
Commons J. R. et al. 1966. *History of Labour in the United States: 4 vols*. NY: Augustus M. Kelley Publishers.
Corr Ph., Plagnol A. 2019. *Behavioral Economics (The Basics).* New York: Taylor and Francis.
Davis D.B., Hands D.W., Maki U. (sous la direction de). 1998. *The Handbook of Economic Methodology*, Cheltenham: Edward Elgar.
Degnbol-Martinussen J. 2001. *Policies, Institutions and Industrial Development. Coping with Liberalisation and International Competition in India*. New Delhi: Sage Publications.
Deledalle G. 1995. *La philosophie, peut-elle être américaine ? Nationalité et universalité.* Paris : Jacques Grancher.

Denzin N.F. , Lincoln Y.S. (eds.). 2005. *The Sage Handbook of Qualitative Research.* Thousand Oaks (USA): Sage Publications.
Dewey J. 1922. *Human Nature and Conduct: An Introduction to Social Psychology*. New York: Henry Holt.
Dewey J. 2010. *Le public et ses problèmes.* Paris : Gallimard.
Dilthey W. 1942. *Introduction à l'étude des sciences humaines : essai sur le fondement qu'on pourrait donner à l'étude de la société et de l'histoire*. Paris : PUF.
Dryzek J.S. 1990. *Discursive Democracy: Politics, Policy, and Political Science*. Cambridge: Cambridge University Press.
Dumez H. 1985. *L'économiste, la science et le pouvoir : le cas Walras*. Paris : PUF.
Dunoyer Ch. 1845. *De la liberté du travail.* Paris : Guillaumin.
Düppe T. 2010. Debreu's apologies for mathematical economics after 1983, *Erasmus Journal for Philosophy and Economics,* 3(1): 1 – 32.
Ebner A. 2000. Schumpeter and the `Schmollerprogramm': integrating theory and history in the analysis of economic development. *Journal of Evolutionary Economics*. 10(3): 355-37.
Edwards D., Potter J. 1992. *Discursive Psychology.* London: Sage Publication.
Ely R. T. 1938. *Ground under our Feet*. New York: Macmillan.
Faccarello G. 1986. *Aux origines de l'économie politique libérale : Pierre de Boisguilbert*. Paris : Anthropos.
Faccarello G. 1999. *The foundations* of laissez-faire*: the economics of Pierre de Boisguilbert.* London and New York: Routledge.

Fisher I. 1926. *Le pouvoir d'achat de la monnaie*, Paris : Marcel Giard.
Fisher I. 1932. *Booms and Depressions: Some First Principles*. New York: Adelphi.
Fisher I. 2009. *100% Money and Public Debt*. Thailand: ThaiSunset.
Fisher I. 2019. *100% Monnaie*. Paris: Classiques Garnier.
Fourcade M. 2009. *Economists and Societies. Discipline and Profession in the United States, Britain, and France, 1890s to 1990s*. Princeton and Oxford: Princeton University Press.
Friedman M. 1953. Methodology of Positive Economics? In Milton Friedman, *Essays in Positive Economics*, Chicago: The University of Chicago Press: 3 - 43.
Furner M.O. 1975. *Advocacy & Objectivity: A Crisis in the Professionalization of American Social Science 1865-1905*. Lexington, Kentucky: University Press of Kentucky,
Galiani F. 1984. *Dialogues sur le commerce des blés*. Paris : Fayard.
Gaukroger A. 2008. *The Director of Financial Enquiries. A Study of the Treasury Career of R.G. Hawtrey, 1919 – 1939*. A Thesis presented to the University of Huddersfield.
Geertz C. 1973. *The Interpretation of Cultures*, New York: Basic Books.
Girard Ch., Le Goff A. 2010. *La démocratie délibérative. Anthologie de textes fondamentaux*. Paris : Hermann.
Glaser B.G., Strauss A.L. 2017. *La découverte de la Théorie ancrée. Stratégie pour la recherche qualitative*. Malakoff : Armand Colin.
Goodwin C.D. 1998. The Patrons of Economics in a Time of Transformation., In Morgan M.S., Rutherford M. (sous la direction de), 1998, *From Interwar Pluralism to Postwar Neoclassicism*. Durham and London: Duke University Press: 53 – 81.

Grimmer-Solem E. 2003. *The Rise of Historical Economics and Social Reform in Germany 1864 – 1894.* Oxford: Clarendon Press.

Harré R. 1994. Obituary: Professor Sir Karl Popper. *The Independent.* 19 September.

Harré R., Gillett G. 1994. *The Discursive Mind.* Thousand Oaks; London; New Dehli: Sage Publications.

Harré R., Stearns P. (Eds.). 1995. *Discursive Psychology in Practice.* London: Sage Publications.

Hawtrey R.G. *1919. Currency and Credit.* London: Longmans, Green and co.

Hawtrey R.G. 1937. Capital and Employment**.** London: Longmans, Green and co.

Hecht J. 1966. La vie de Pierre le Pesant Seigneur de Boisguilbert. In *Pierre de Boisguilbert ou la naissance de l'économie politique,* volume 1. Paris : INED : 121 - 244.

Heers J. 2012. *La naissance du capitalisme au Moyen Age. Changeurs, usuriers et grands financiers.* Paris : Perrin.

Heilbroner R.L. 1971. *Les grands économistes.* Paris : Editions du Seuil.

Heilbroner R.L. 1991. Economics as Universal Science. *Social Research*, 58(2): 457-474.

Heukelom F. 2014. *Behavioral Economics: A History.* New York: Cambridge University Press.

Hodgson, G.M. 1988. *Economics and Institutions,* Cambridge: Polity Press.

Hodgson G. M. 2001. *How Economics Forgot History.* London; New York: Routledge.

Huber J. 2017. *Sovereign Money. Beyond Reserve Banking*. London: Palgrave Macmillan.

Humboldt (von) W. 1979. Sur l'organisation interne et externe des établissements scientifiques supérieurs à Berlin. In *Philosophies de l'université*, Luc Ferry et Alain Renaut (sous la dir. de). Paris : Payot : 319-329.

Hutcheson F. 1755. *A system of moral philosophy*, 2 vols. Glasgow: University of Glasgow.
Ingham G. 2004. *The Nature of Money*. Cambridge: Polity Press.
Ingham G. 2020. *Money. Ideology, History, Politics*. Cambridge: Polity Press.
Jevons W.S. 1958. *The Principles of Science: A Treatise on Logic and Scientific Method*, New York: Dover Publications, Inc.
Jevons W.S. 2002. *Elementary Lessons in Logic: Deductive and Inductive*. Honolulu: University Press of the Pacific.
Kahneman D., Tversky A. 2000. *Choices, Values, and Frames*. Cambridge: Cambridge University Press.
Keynes J.M. 2013. *A Treatise on Money. Vol. 1, The Pure Theory of Money*. Cambridge: Cambridge University Press.
Keynes J.M. 2019. *Un traité sur la monnaie*. Paris : Editions Classiques Garnier.
King M. 2016. *The End of Alchemy: Money, Banking and the Future of the Global Economy*. London: Little, Brown Book Group.
Klamer A. 2007. *Speaking of Economics. How to get in the conversation*. London and New York: Routledge.
Knapp G.F. 1924. *The State Theory of Money*. London: Macmillan and Company Limited.
Kaufman J.-C. 2004. *L'entretien compréhensif*. Paris : Armand Colin.
Kymlicka W. 2002. *Contemporary Political Philosophy. An Introduction*. New York: Oxford University Press.
Laroche P. 2021. *Introduction à l'économie comportementale*. Louvain-la-Neuve (Belgique) : Editions De Boeck.

Latour B. 2000. When things strike back: a possible contribution of 'science studies' to the social sciences. *British Journal of Sociology*. 51(1): 107-123.
Lawson T. 1997. *Economics and Reality*. London and New York: Routledge.
Lawson T. 2003. *Reorienting Economics.* London and New York: Routledge.
Lazzarato M. 2011. *La fabrique de l'homme endetté. Essai sur la condition néolibérale.* Paris : Editions Amsterdam.
Lazzarato M. 2014. *Gouverner par la dette*. Paris : Les prairies ordinaires.
Leroux A., Marciano A. 1998. *La philosophie économique.* Paris : P.U.F.
Lippmann W. 1938. *La cité libre (The Good Society).* Paris : Librairie de Médicis.
Macpherson C.B. 1971. *La théorie politique de l'individualisme possessif - De Hobbes à Locke*. Paris : Gallimard.
Mäki U. 1993. Economics with Institutions. Agenda for Methodological Enquiry. In Mäki U., Gustafsson B., Knudsen Ch. (eds). *Rationality, Institutions & Economic Methodology.* London; New York: Routledge: 3–42.
Marcuzzo M.C. 2019. 'Pets and favorites': Keynes's practice as investor in the stock exchange. In Dolfsma W., Hands D. W., McMaster R. (Eds.) *History, Methodology and Identity for a 21st Century Social Economics.* London: Routledge: 17 – 40.
Martin F. 2013. *Money. The Unauthorised Biography.* London: The Bodley Head.
Marx K. 1994. *Les luttes de classes en France.* Paris : Gallimard.
McCarthy Ch. 1912. *The Wisconsin Idea*. New York: Macmillan.
Mill J.S. 2002. *A System of Logic, Ratiocinative and Inductive Being a Connected View of the Principles of*

Evidence, and the Methods of Scientific Investigation. Honolulu: University Press of the Pacific.
Mill J.S. 1994. On the definition and method of political economy. In Daniel M. Hausman (Ed.) *The Philosophy of Economics. An Anthology.* Cambridge: Cambridge University Press.
Mini P. 1994. Cartesianism in Economics. In Hodgson, G.M., W.J. Samuels and M. R. Tool (sous la direction de), *The Elgar Companion to Institutional and Evolutionary Economics,* in two volumes, Edward Elgar, Aldershot: 38 – 42.
Mirowski Ph. 1987. The Philosophical Bases of Institutionalist Economics. *Journal of Economic Issues,* 21(3): 1001 – 1038.
Mirowski Ph. 1988. *Against Mechanism. Protecting Economics from Science.* Lanham, MD: Rowman & Littlefield Publishers, Inc.
Mirowski Ph. 1989. *More Heat than Light. Economics as Social Physics: Physics as Nature's Economics.* Cambridge: Cambridge University Press.
Mirowski Ph. 2020. The Neoliberal Ersatz Nobel Prize. In D. Plehwe, Q. Slobodian, Ph. Mirowski (Eds.) *Nine Lives of Neoliberalism.* London, New York: Verso: 219 – 254.
Monnier V. 2013. *Jacques Laffitte. Roi des banquiers et banquier des rois*. Bruxelles : P.L.E. Peter Lang S.A.
Montchrestien A. 1999. *Traicté de l'œconomie politique.* Genève : Librairie Droz.
Morgan M.S., Rutherford M. (sous la direction de), 1998, *From Interwar Pluralism to Postwar Neoclassicism.* Durham and London: Duke University Press.
North D. C. 2005. *Understanding the Process of Economic Change.* Princeton; Oxford: Princeton University Press.
North D.C., Wallis J.J., Weingast B.R. 2010. *Violence et ordres sociaux.* Paris : Gallimard.

Ostrogorski M. (1993) *La démocratie et les partis politiques.* Paris : Fayard.
Paley W. 1817. *Principes de philosophie morale et politique*, Tomes 1 et 2, Paris : Treuttel et Wurtz. Reproduit en 2007 en deux volumes par Elibron Classics.
Paillé P. (Ed.). 2006. *La méthodologie qualitative. Postures de recherche et travail de terrain.* Paris : Armandn Colin.
Paillé P., Mucchielli A. 2005. *L'analyse qualitative en sciences humaines et sociales.* Paris : Armand Colin.
Prigogine I., Stengers I. 1986. *La nouvelle alliance. Métamorphose de la science*, Paris : Gallimard.
Rader B. G. 1966. *The Academic Mind and Reform. The Influence of Richard T. Ely in American Life.* Lexington, Kentucky: University Press of Kentucky.
Raushenbush P. A., Raushenbush E. B. 1979. *Our «U.C.» Story (1930–1967).* Madison, Wisconsin (Edition des auteurs).
Reich R. 2007. *Supercapitalism. The Transformation of Business, Democracy, and Everyday Life.* New York: Alfred A. Knopf.
Reder, Melvin, 2004. The new financial order. *The Journal of Economic History.* 64(2): 536-539.
Rosanvallon P. 1999. *Le capitalisme utopique. Histoire de l'idée de marché.* Paris : Éditions du Seuil.
Rousseau J.-J. 1990. *Sur l'économie politique. Considérations sur le gouvernement de Pologne. Projet pour la Corse.* Paris : Flammarion.
Ramstad Y. (1986) A Pragmatist's Quest for Holistic Knowledge: The Scientific Methodology of John R. Commons. *Journal of Economic Issues*, 20(4): 1067–1105.
Rubinstein A. 2006. Discussion of "Behavioral Economics". In Blundell R., Newey W. K., Persson T. (eds). *Advances in Economics and Econometrics. Theory*

and Applications. Ninth World Congress (Vol. 2). Cambridge: Cambridge University Press: 246–254.
Rutherford M. 2006. Wisconsin Institutionalism: John R. Commons and His Students. *Labor History*, 47(02): 161-188,
Rutherford M. 2011a. Field, Undercover, and Participant Observers in US Labor Economics: 1900-1930. *History of Political Economy,* 44(Supplement 1): 185 – 205.
Rutherford M. 2011b. *The Institutionalist Movement in American Economics, 1918-1947: Science and Social Control.* Cambridge: Cambridge University Press.
Ryan-Collins J., Greenham T., Werner R., Jackson A. 2012. *Where Does Money Come From?* London: The New Economics Foundation.
Sage E.M. 2009. *A Dubious Science. Political Economy and the Social Question in 19th-Century France.* New York: Peter Lang Publishing, Inc.
Samuelson P.A., Barnett W.A. 2007. *Inside Economics Mind. Conversation with Eminent Economists.* Oxford: Blackwell.
Sandel M.J. 1999. *Le Libéralisme et les limites de la justice.* Paris : Seuil.
Schatz A. 2013. *L'individualisme économique et social.* Paris : Les Belles Lettres.
Schmoller G. 1902. *Politique sociale et économie politique,* Paris : V. Giard & E. Brière.
Schmoller G. 1920. *Grundriss der Allgemeinen Volkswirtschaftslehre. Erster Teil.* Leipzig: Verlag von Duncker & Humblot.
Schank R. C., Abelson R. P. 1977. *Scripts, Plans, Goals, and Understanding.* Hillsdale, NJ: Erlbaum.
Schank R. C., Abelson R. P. 1995. Knowledge and Memory: The Real Story. In Wyer Robert S., Jr. (ed.). *Knowledge and Memory: The Real Story.* Hillsdale, NJ: Lawrence Erlbaum Associates: 1–85.

Schumpeter J.A. 1926. Gustav v. Schmoller und die Probleme von heute. *Schmollers Jahrbuch für Gesetzgebung, Verwaltung und Volkwirtschaft im Deutschen Reiche*, 50: 1–52.

Schumpeter J.A. 1930. Mitchell's Business Cycles. *Quarterly Journal of Economics*. 45(1): 150–172.

Schumpeter J.A. 1970. *Das Wesen des Geldes*. Göttingen: Vandenhoeck & Ruprecht.

Schumpeter J.A. 1983a. *Histoire de l'analyse économique ; I – L'âge des fondateurs.* Paris : Gallimard.

Schumpeter J.A. 1983b. *Histoire de l'analyse économique ; II – L'âge classique.* Paris : Gallimard.

Schumpeter J.A. 1983c. *Histoire de l'analyse économique ; III – L'âge de la science.* Paris : Gallimard.

Schumpeter J.A. 1996. *Trattato della moneta: capitoli inediti*. Napoli : Edizioni Scientifiche Italiane.

Schumpeter, J.A. 2003. *Ten Great Economists. From Marx to Keynes.* London: Taylor & Francis.

Schumpeter J.A. 2005. *Théorie de la monnaie et de la banque*. 2 vols. Paris : L'Harmattan.

Schumpeter, J.A. 2014. *A Treatise on Money*. Aalten: Wordbridge Publishing.

Shapin S., Schaffer S. 1985. *Leviathan and the Air-Pump. Hobbes, Boyle, and the Experimental Life.* Princeton, New Jersey: Princeton University Press.

Shapin S. 1996. *The Scientific Revolution*. Chicago and London: The University of Chicago Press.

Shiller R. J. 2008. *The Subprime Solution. How Today's Global Financial Crisis Happened, and What to Do about It*. Princeton. Oxford: Princeton University Press.

Shiller R.J. 2012. *Finance and the Good Society.* Princeton: Princeton University Press.

Shiller R.J. 2014. *Le nouvel ordre financier. La finance moderne au service des nouveaux risques économiques.* Louvain-la-Neuve (Belgique) : De Boeck.

Shiller R.J. 2016. *Faut-il avoir peur des bulles financière*. Louvain-la-Neuve (Belgique) : De Boeck.
Shiller R.J. 2017. Narrative Economics. *American Economic Review*. 107(4): 967–1004.
Shiller R.J. 2018. Narrative Economics and Neuro-economics. *Finance: Theory and Practice*. 22(1): 64 – 91.
Shiller R.J. 2019. *Narrative Economics. How Stories Go Viral & Drive Major Economic Events*. Princeton & Oxford: Princeton University Press.
Sigot N. 2005. La réception de l'œuvre économique de Cournot. In Th. Martin (Ed.) *Actualité de Cournot*. Paris : Vrin : 125-149.
Stanfield J.R. 1999. The Scope, Method, and Significance of Original Institutional Economics. *Journal of Economic Issues*. 33(2): 231 – 255.
Steuart J. 1767. *An Inquiry into the Principles of Political Economy*. London: A. Miller and T. Cadell.
Stiglitz J. 2010. *Le Triomphe de la cupidité*. Arles : Actes Sud.
Swedberg R. 1991. *Schumpeter. A Biography*. Princeton, New Jersey: Princeton University Press.
Szenberg M., Gottesman A. et L. Ramrattan. 2005. *Paul Samuelson. On being an Economist*, New York: Jorge Pinto Books, Inc.
Thabet S. 2008. Keynes et Commons : histoires parallèles, destins croisés. *L'Economie politique*. 38(2) : 77 – 100.
Thaler R.H. 2018. *Misbehaving. Les découvertes de l'économie comportementale*. Paris : Editions du Seuil.
Thaler R.H., Sunstein C.R. 2010. *Nudge. Comment inspirer la bonne décision*. Paris : Vuibert.
Tribe K. 2002. Historical Schools of Economics: German and English. *Keele Economics Research Paper* No 2. Keele University.
Tymoigne E. 2003. Keynes and Commons on Money. *Journal of Economic Issues*, 37(3): 527 – 545.

Van Langenhove L. (ed.). 2010. *People and Society. Rom Harré and Designing the Social Sciences.* London; New York: Routledge.
Ward B. 1966. Institutions and Economic Analysis. In *The Structure of Economic Science,* ed. Roy Krupp, Englewood Cliffs: Prentice-Hall, N.J.: 184 - 200.
Waterman A. M. C. 2004. *Political Economy and Christian Theology since the Enlightenment. Essays in Intellectual History.* New York: Palgrave Macmillan.
Weintraub E. R., Mirowski Ph. 1994 The Pure and the Applied: Bourbakism Comes to Mathematical Economics. *Science in Context.* 7(2): 245–272.
Yefimov V. 1981. Gaming-simulation of the Functioning of Economic Systems. *Journal of Economic Behavior & Organization.* 2(2): 187–200.
Yefimov V. 1997. Approche Institutionnelle de l'analyse de la transition (le cas de l'agriculture du Nord-Kazakhstan). *Revue d'études comparatives Est-Ouest,* 28(2) : 99–119.
Yefimov V. 2001. Continuité et recomposition des régimes agraires russes dans le siècle. *Economie et Société. Série «Développement, croissance et progrès», «Développement–III»,* 35(9–10) : 1439–1473.
Yefimov V. 2003. *Economie institutionnelle des transformations agraires en Russie*. Paris : l'Harmattan.
Yefimov V. 2010. Vers une autre science économique (et donc une autre institution de cette science). *Revue du MAUSS permanente*, 10 mai 2010 (en ligne). http://www.journaldumauss.net/spip.php?article686
Yefimov V. 2011a. Discourse analysis in economics: methodology and history of economics reconsidered. Part 1. Another methodology of economics. *Economic Sociology*. 12(3): 15–53 (en Russe). https://mpra.ub.uni-muenchen.de/49157/

Yefimov V. 2011b. Discourse analysis in economics: methodology and history of economics reconsidered. Part II. Another history and contemporaneity. *Journal of Economic Regulation*, 2(3): 5-79. (en Russe). https://mpra.ub.uni-muenchen.de/49111/

Yefimov V. 2015a. On pragmatist institutional economics. *Математичне моделювання в економіці.* № 3 : 27-54. http://nbuv.gov.ua/UJRN/mmve_2015_3_5

Yefimov V. 2015b. Two Disputes of Methods Three Constructivisms and Three Liberalisms. Part I. *R-Economy*. 1(1): 24-33. http://hdl.handle.net/10995/47778

Yefimov V. 2015c. Two Disputes of Methods Three Constructivisms and Three Liberalisms. Part II, *R-Economy*. 1(2): 226-238. http://hdl.handle.net/10995/47768

Yefimov V. 2016a. How Founding Beliefs of Capitalism, University and Mathematics Shaped the Institution of Mainstream Economics. *Математичне моделювання в економіці,* № 1: 30-58. http://nbuv.gov.ua/UJRN/mmve_2016_1_5

Yefimov V. 2016b. *La science économique en question. Autres méthodologie, histoire et pratiques de recherche.* Moscou: Kurs. (en Russe) http://ecsocman.hse.ru/data/2016/12/23/1251072856/efimov.pdf

Yefimov V. 2017. Comparative historical institutional analysis of English, German and American economics. *Montenegrin Journal of Economics,* 13(2): 25–70. http://mnje.com/en/vol-13-no-2

Yefimov V. 2021. *La monnaie, les ordres sociaux et les sciences économiques*. Moscou: Kurs. (en Russe)

Table des matières

Revue « Marché et Organisations »

Promouvoir la recherche originale sur les relations de plus en plus étroites entre le marché et les organisations. Les acteurs économiques de taille, de puissance et de pouvoir différents dont les intérêts peuvent être convergents, complémentaires ou, le plus souvent, antagoniques, ont tendance à organiser les marchés. La raison du marché, pourtant, est la référence stratégique pour l'entreprise ainsi que pour les institutions publiques de décision économique.

Numéros parus :

N°1 : Artisanat. La modernité réinventée, 2006
N°2 : La petite entreprise, elle a tout d'une grande. De l'accompagnement aux choix stratégiques, 2006
N°3 : Tourisme et Innovation. La force créative des loisirs, 2007
N°4 : Le travail. Formes récentes et nouvelles questions, 2007
N°5 : Les universités et l'innovation. L'enseignement et la recherche dans l'économie des connaissances, 2007
N°6 : Entrepreneuriat et accompagnement. Outils, actions et paradigmes nouveaux, 2008
N°7 : Développement durable des territoires. Economie sociale, environnement et innovations, 2008
N°8 : Développement durable et responsabilité sociale des acteurs, 2009
N°9 : Gouvernance : exercices de pouvoir, 2009
N°10 : Le travail collaboratif. Une innovation générique, 2009
N°11 : Economie sociale et solidaire. Nouvelles trajectoires d'innovations, 2010
N°12 : Relations à la marque et marques de la relation. Regards croisés sur le management relationnel de la marque, 2010
N°13 : Les contrats au service de la recherche ?, 2011
N°14 : Le potentiel économique de l'Afrique subsaharienne, 2011
N°15 : Management de la distribution, 2012
N°16 : Territoire Vert. Entreprises, Institutions, Innovations, 2012
N°17 : Eco-conception, conception et innovation. Les nouveaux défis de l'entreprise, 2013
N°18 : Intelligence économique : entreprises et territoires, 2013
N°19 : La finance globale. Un monde fini, 2013
N°20 : La crise du « développement », 2014
N°21 : La Chine innove. Politiques publiques et stratégies d'entreprise, 2014
N°22 : Go East! Nouvelles Economies de Marché, 2015
N°23 : L'économie du changement, 2015
N°24 : Le temps des artisans. Permanences et mutations, 2015
N°25 : Innovations de proximité et esprit d'entreprise, 2016
N°26 : L'avenir des économies du Maghreb : entre inertie structurelle et envie de rupture, 2016/3 (n° 27)
N°27 : Le sport aux frontières du marché du travail, 2016
N°28 : Dynamiques internationales des entreprises, 2017
N°29 : L'univers du risque, 2017
N°30 : Les petites entreprises dans l'histoire industrielle, 2017
N°31 : Economie sociale et *social business* ? Au défi d'entreprendre et se financer, 2018
N°32 : Éducation et fertilisation des économies africaines, 2018
N°33 : L'entrepreneuriat innovant dans les pays du Maghreb, 2018
N°34 : L'entrepreneuriat scientifique : institutions et innovation, 2019
N°35 : Le champ économique de la culture, 2019
N°36 : Economie sociale et solidaire ? Modèles d'innovation et modes de gouvernance, 2019
N°37 : Rethinking Luxury Business, 2020
N°38 : La santé connectée. Nouvelles technologies et réorganisation des soins, 2020
N°39 : Options stratégiques et systèmes complexes d'innovation, 2020
N°40 : Les services : intégration des systèmes productifs et lien social, 2021
N°41 : Crise pandémique, crise globale. Réalité et controverses théoriques, 2021
N°42 : La crise de la covid-19. Le marché et les organisations en perspective, 2021
n°43 : (Re)faire système. *Bug & reset*, 2022
n°44 : Aléas du marché et management du risque, 2022

Collection « L'esprit économique »

fondée par Sophie Boutillier et Dimitri Uzunidis en 1996

Dernières parutions

► ***Série Economie et Innovation***

T. MICHAUD, *La réalité virtuelle : de la science-fiction à l'innovation*, 2018.
B. LAPERCHE, M. LIMA, E. SEULLIET, B. TROUSSE (dir.), *Les écosystèmes d'innovation. Regards croisés des acteurs clés*, 2019.
S. MONNERIE, *L'économie digitale révolutionne le monde. Innovation et total design*, 2019.
T. MICHAUD, *Le projet spatial européen, entre pragmatisme et imagination*, 2020.
J.-P. SCHMITT, N. RAVIDAT, *Management conjoint de la technologie et de la personne. Pour performer et croitre*, 2020.
Y. EL YAHYAOUI, *Economie des plateformes numériques. Captation de la valeur, pouvoir de marché et communs collaboratifs*, 2021.

► ***Série Le Monde en Question***

F. FAURE, *Empowerment et finance. La démocratie au service de l'investissement socialement responsable*, 2021.
A. SGHAIER, *La finance islamique. Aspects critiques de la finance conventionnelle*, 2021.
H. AGOURRAME, *La règlementation bancaire internationale. Genèse, évolution et impact sur le « business model » des banques*, 2021.
A. AMINE, C. GALLOUJ, *Consommateurs et pratiques de consommation au Maroc*, 2021.
T. MARINOVA, *Economie sociale et solidaire dans les pays des Balkans. Bulgarie, Roumanie, Serbie : quels enseignements ?* 2021.
T. GARCENOT, *La finance contre le dérèglement climatique. Politiques monétaires et enjeux géopolitiques de la finance verte*, 2021.
A. VALLERAY, *Mondialisation mon amour. Avatars d'une utopie*, 2021.

► ***Série Krisis***

B. TONGLET, *Innovation et dynamique discontinue au bas Moyen Age. Pour une autre approche de l'histoire économique*, 2020.
J.-C. MOREL, *La nécessaire valorisation de la richesse ou intégrer le capital humain au bilan*, 2020.
V. LAURE VAN BAMBEKE, *La valeur du travail humain. Essai sur la refondation de l'expression monétaire de la valeur-travail*, 2021.
A. FONTAINE, *L'économie est l'opium du peuple. Une fausse science*, 2021.
A. RODRIGUEZ-HERRERA, Travail, valeur et prix. Reprise et clôture d'un débat centenaire (1885-1985) a la lumière des textes marxiens, 2021.
R. DELORME, *La complexité autrement. Une réponse nouvelle à la pandémie et à d'autres phénomènes sociaux complexes*, 2022.

► **Série Clichés**

S. BOUTILLIER, D. UZUNIDIS (dir.), *La Russie européenne. Du passé composé au futur antérieur*, 2008.
R. VOLPI, *La négociation. Pain, paix, liberté*, 2009.

► ***Série Cours Principaux***

G. DUTHIL, *Economie publique et métamorphoses sociales*, 2019.
R. SANTENAC, *Le cycle des crises financières. Une étude approfondie des causes, des impacts et de la fréquence*, 2020.
B. LANDAIS, *Macroéconomie efficace. Croissance et crises*, 2020.
A. MBULI LANDU, *Le memo d'un comptable. Approche par le SYSCOHADA révisé*, 2021.
M. EL KARRIM, *Introduction à l'économétrie appliquée*, 2022.

► ***Série L'économie formelle***

A. EL ALAOUI, *Modèle d'équilibre général calculable. Présentation théorique et application empirique*, 2020.
H. AMAAZOUL, *Responsabilité sociétale des entreprises et performance financière. Étude appliquée aux entreprises marocaines*, 2021.
M. BERTONECHE, *Chroniques économiques de notre temps*, 2021.
E. CARREY, H. LANDIER, *Après la guerre contre la Covid : de l'économie financière a l'entrepreneuriat social*, 2021.
J. LATREILLE, *Sale temps pour l'économie marchande*, 2021.

Structures éditoriales du groupe L'Harmattan

L'Harmattan Italie
Via degli Artisti, 15
10124 Torino
harmattan.italia@gmail.com

L'Harmattan Hongrie
Kossuth l. u. 14-16.
1053 Budapest
harmattan@harmattan.hu

L'Harmattan Sénégal
10 VDN en face Mermoz
BP 45034 Dakar-Fann
senharmattan@gmail.com

L'Harmattan Cameroun
TSINGA/FECAFOOT
BP 11486 Yaoundé
inkoukam@gmail.com

L'Harmattan Burkina Faso
Achille Somé – tengnule@hotmail.fr

L'Harmattan Guinée
Almamya, rue KA 028 OKB Agency
BP 3470 Conakry
harmattanguinee@yahoo.fr

L'Harmattan RDC
185, avenue Nyangwe
Commune de Lingwala – Kinshasa
matangilamusadila@yahoo.fr

L'Harmattan Congo
67, boulevard Denis-Sassou-N'Guesso
BP 2874 Brazzaville
harmattan.congo@yahoo.fr

L'Harmattan Mali
ACI 2000 - Immeuble Mgr Jean Marie Cisse
Bureau 10
BP 145 Bamako-Mali
mali@harmattan.fr

L'Harmattan Togo
Djidjole – Lomé
Maison Amela
face EPP BATOME
ddamela@aol.com

L'Harmattan Côte d'Ivoire
Résidence Karl – Cité des Arts
Abidjan-Cocody
03 BP 1588 Abidjan
espace_harmattan.ci@hotmail.fr

Nos librairies en France

Librairie internationale
16, rue des Écoles
75005 Paris
librairie.internationale@harmattan.fr
01 40 46 79 11
www.librairieharmattan.com

Librairie des savoirs
21, rue des Écoles
75005 Paris
librairie.sh@harmattan.fr
01 46 34 13 71
www.librairieharmattansh.com

Librairie Le Lucernaire
53, rue Notre-Dame-des-Champs
75006 Paris
librairie@lucernaire.fr
01 42 22 67 13